W0308215

ALLER
À L'ESSENTIEL

REJOIGNEZ NOTRE COMMUNAUTÉ DE LECTEURS !

Inscrivez-vous à notre newsletter et recevez des informations sur nos parutions, nos événements, nos jeux-concours… et des cadeaux !

Rendez-vous ici : **bit.ly/newsletterleduc**
Retrouvez-nous sur notre site **www.editionsleduc.com**
et sur les réseaux sociaux.

Leduc s'engage pour une fabrication écoresponsable !
« Des livres pour mieux vivre », c'est la devise de notre maison. Et vivre mieux, c'est vivre en impactant positivement le monde qui nous entoure ! C'est pourquoi nous avons fait le choix de l'écoresponsabilité. Pour en savoir plus, rendez-vous sur notre site.

Titre de l'édition originale : *The Power of Less*
Copyright © 2009 by Leo Babauta

Ce livre est le passage en poche de l'ouvrage
L'art d'aller à l'essentiel publié aux éditions Alisio en 2020.

Traduction de l'anglais (États-Unis) par Julie Dufour.

Relecture : Camille Le Dain
Design de couverture : Antartik
Illustration de couverture : Marie Ollier
Maquette : Patrick Leleux PAO

© 2024 Leduc Éditions
76, boulevard Pasteur
75015 Paris – France
ISBN : 979-10-285-3158-4
ISSN : 2425 - 4355

C'EST MALIN

Leo Babauta
Préface d'Olivier Roland, auteur

ALLER À L'ESSENTIEL

Toutes les clés pour se fixer moins d'objectifs et obtenir plus de résultats

Traduit de l'anglais (États-Unis) par Julie Dufour

LEDUC poche

« En apprivoisant *L'art d'aller à l'essentiel*, les lecteurs vont passer du chaos au minimalisme, tout en gagnant en productivité et en sérénité. Apprendre à se fixer des limites, comme par exemple sélectionner trois tâches prioritaires chaque matin, ou encore restreindre ses e-mails à cinq lignes au maximum, est la pierre angulaire pour gagner en simplicité et en épanouissement. Grâce à ces nouvelles limites, les lecteurs de Leo Babauta vont devenir plus efficaces, réussir à se concentrer réellement sur leurs tâches et, paradoxalement, finir par en faire moins pour accomplir davantage. »

Publishers Weekley

SOMMAIRE

L'art d'aller à l'essentiel : théorie

L'art d'aller à l'essentiel : action

PRÉFACE D'OLIVIER ROLAND

Imaginez... Vous entrez dans un supermarché de taille moyenne, pas très loin de chez vous. Visualisez les dizaines et dizaines de rayons qui s'étendent à perte de vue, contenant des dizaines de milliers de produits, couvrant certainement la totalité de vos besoins matériels quotidiens (et même plus !).

Comparons le nombre de catégories de produits et le nombre de produits disponibles avec ce que les Français pouvaient choisir il y a un siècle. Ou même, comparons ce nombre avec le choix auquel avaient accès nos grands-parents dans une épicerie de leur enfance.

Nous avons là, sous nos yeux, à portée de main (et souvent de portefeuille), un choix de produits que la plupart des êtres humains d'il y a plus de deux générations n'auraient pu avoir de toute leur vie.

Nous vivons dans un monde d'abondance matérielle.

Les progrès incroyables de la production industrielle et de la distribution ont permis à de plus en plus de produits d'être créés en des quantités de plus en plus grandes pour atterrir dans des rayons de plus en plus nombreux de supermarchés de plus en plus gigantesques. Parallèlement, la publicité est devenue de plus en plus efficace, l'apparition de multiples marques et variantes d'un même produit obligeant les fabricants à se différencier des autres, et à pousser les consommateurs à acheter, créant si besoin une envie qui n'existait pas auparavant.

Cette abondance de choix est sûrement une bénédiction. Elle nous permet d'avoir une alimentation diversifiée, avec des produits venant de l'autre bout du monde, et de choisir ceux qui nous correspondent vraiment, que ce soit par leur prix, leurs fonctionnalités, leurs couleurs, leur design… N'est-ce pas ?

Sans doute. Mais cette abondance de choix pose également des problèmes. Combinée avec une publicité de plus en plus présente et agressive, elle nous conduit parfois à acheter des produits qui, au final, ne nous servent pas vraiment et qui finissent par s'accumuler chez nous, encombrant nos armoires, nos étagères et nos tables de salon.

Jetez un coup d'œil à votre garde-robe. Faites-le vraiment. Prenez ce livre avec vous et allez voir. Je vous laisse quelques instants.

Bien. Parmi tous les vêtements qui sont rangés là, combien d'entre eux vous servent vraiment ? Parmi ceux-ci, combien d'entre eux mettez-vous régulièrement ? Et combien d'entre eux mettez-vous rarement, voire très rarement ? Et combien d'entre eux n'avez-vous pas mis depuis des mois, peut-être même jamais ?

Il est probable que vous n'ayez pas porté au moins un quart de vos vêtements depuis des mois et que les chances que vous les portiez à nouveau soient proches de zéro. Si c'est le cas, rassurez-vous : vous êtes loin d'être le seul !

De même, jetez un coup d'œil dans vos armoires, sur votre bureau, dans vos tiroirs. Combien de gadgets et autres produits sont emmagasinés là, inutilisés, attendant vainement de revoir la lumière du jour ? Regardez sur vos étagères, votre table de salon.

Regardez-vous encore tous ces bibelots décoratifs, à part quand vous les dépoussiérez ?

En fait, il est fort probable que vous puissiez vous débarrasser de 20 % de vos objets sans que cela n'affecte votre vie. Et 20 %, c'est un minimum. L'abondance matérielle dans laquelle nous vivons conduit la plupart d'entre nous à nous encombrer d'objets inutiles. Non seulement ils prennent de la place dans nos habitations, mais ils envahissent aussi notre esprit, ce qui nous distrait et diminue notre concentration, notre productivité, et augmente notre stress, comme l'ont montré plusieurs études. Par exemple, l'Université de l'Illinois a démontré en 1998 que nos yeux sont divertis, sans que nous en ayons conscience, par des objets qui se trouvent dans notre champ visuel et qui sont sans relation avec notre tâche en cours. Cela ne nous prend qu'une fraction de seconde de notre temps à chaque fois mais, multiplié par le nombre de fois où nos yeux divaguent vers ces objets en une journée, cela finit par faire beaucoup.

De même, nous vivons dans une ère d'abondance temporelle. Selon l'INSEE, le nombre d'heures travaillées en France est passé de 2 230 heures par an en 1950 à 1 559 heures en 2007. Selon différentes enquêtes parues en 2011 et 2012 (ECDE, INSEE, Coe-Rexecode), la France est l'un des pays dans lesquels on travaille le moins au monde, si ce n'est LE pays dans lequel on travaille le moins au monde.

Cela n'a pas toujours été comme cela. C'est en 1900 seulement qu'une loi limite pour l'ensemble de la population française le travail quotidien à 11 heures absolues. En 1936, les congés payés sont instaurés, à raison de 15 jours par an. La durée annuelle des congés payés augmentera par palier jusqu'en 1982. L'instauration des 5 semaines que nous connaissons place la France en tête des pays proposant le plus de congés à leurs salariés depuis des décennies. Le classement 2011 réalisé par le cabinet

Mercer nous place ainsi sixième ex æquo sur un total de 67 pays.

Nous vivons également une ère d'abondance dans les distractions et les loisirs qui nous sont accessibles. En un siècle, la radio, la télévision, les jeux vidéo, les ordinateurs et Internet sont arrivés et nous sommes nombreux à passer beaucoup de temps à nous distraire avec. D'après Médiamétrie, les Français ont passé en moyenne 3 h 32 par jour à regarder la télévision en 2010. Et au-delà de ces outils, nous avons, pour passer le temps, d'innombrables possibilités qui n'existaient pas il y a encore quelques décennies : une myriade de sports, d'arts, d'activités diverses à pratiquer.

Cette abondance nous conduit parfois à nous surcharger d'activités, ou à succomber à toutes ces distractions, plutôt que de nous concentrer sur ce qui importe vraiment pour nous. Nous regardons la télévision au lieu de lire, nous jouons aux jeux vidéo au lieu de passer du temps avec nos amis, nous allons une énième fois sur Facebook au lieu d'être avec notre famille. Nous allons faire du tennis plutôt que de nous consacrer à notre projet de création d'entreprise, nous nous surchargeons de tâches inutiles plutôt que de commencer à écrire ce livre dont nous rêvons depuis des années, nous nous donnons une montagne de travail à faire, de peur de ressentir le vide de l'ennui, alors que nous pourrions passer un peu de temps en paix avec nous-mêmes.

Cette abondance d'options et de temps nous amène à devoir faire de nombreux choix et une partie de ces choix s'avèrent inexorablement inutiles, stupides, voire les deux, et peuvent conduire à une accumulation d'objets sans intérêt et d'activités dont nous tirons un plaisir instantané, mais fugace et peu satisfaisant sur le long terme.

C'est dans cette ère d'abondance que Leo Babauta a créé son blog *Zen Habits* (*Habitudes Zen*) et a commencé à écrire des articles. C'était en 2007, il était journaliste dans une petite île américaine du Pacifique, il était père de six enfants et travaillait beaucoup. Il s'est mis à publier des articles qui traitaient de productivité, de sport, de finances personnelles, et surtout de bonheur, de simplicité et de minimalisme, au rythme impressionnant de cinq articles par semaine en moyenne, tout en publiant des articles invités sur les plus prestigieux blogs américains. Sa productivité remarquable – alors qu'il travaillait à temps plein et devait s'occuper de ses six enfants –, couplée à la qualité de ses articles et de ses efforts pour se faire connaître, lui a valu un succès rapide et hors du commun. Seulement deux ans après le démarrage de son blog, le renommé magazine *Time* le classait dans les « 25 meilleurs blogs », exploit réitéré l'année suivante. Il avait déjà plus de 100 000 lecteurs en 2008, et cela s'est amplifié avec le temps jusqu'à près de 240 000 lecteurs réguliers début 2012.

Son style d'écriture, simple, pratique et apaisant, y est sans doute pour beaucoup, et j'ai d'ailleurs personnellement tellement apprécié la forme et le fond que j'ai décidé de traduire en français les meilleurs articles de Leo Babauta, sur le blog www.habitudes-zen.fr.

Leo a publié le livre que vous tenez entre les mains en 2008 et a connu un immense succès outre-Atlantique. Il défend une approche apaisante qui propose de simplifier, de se débarrasser du superflu et de se consacrer à l'essentiel. Car ce qui compte au final, c'est d'être heureux, et de se consacrer à ce que nous aimons – et à ceux que nous aimons.

Si c'est votre objectif, ce livre vous y aidera. Mais pour qu'il soit efficace, vous devrez bien évidemment l'appliquer. Pourtant, la majorité d'entre vous se contentera de le lire, puis de le ranger dans un coin, en se disant « je l'appliquerai plus tard », ce plus tard équivalant bien entendu à « jamais », ce qui ajoutera ce livre à la liste des choses inutiles que vous possédez. Pour éviter cela, le mieux est sans doute d'appliquer les principes que Dale Carnegie, l'auteur de *Comment se faire des amis*, recommande d'appliquer dans son propre livre :

- **Avoir un grand désir d'apprendre** et d'appliquer les principes qui nous permettront de simplifier notre vie et de nous concentrer sur l'essentiel.
- **Lire deux fois chaque chapitre** avant de passer au suivant.
- **Interrompre fréquemment nos lectures** pour nous interroger sur nos possibilités personnelles d'application de chaque principe.
- **Souligner** les idées importantes.
- **Revoir le livre tous les mois.**
- **Mettre ces principes en pratique** chaque fois que l'occasion se présente.
- **Transformer ce livre en un jeu amusant :** demander à nos amis un gage chaque

fois qu'ils nous surprennent à enfreindre les règles.
- **Contrôler chaque semaine les progrès que nous faisons.** Nous demander quelles fautes nous avons commises, quels progrès nous avons accomplis, quelles leçons nous avons tirées.

Et de bien prendre conscience de cette maxime du célèbre blogueur Chris Guillebeau : « L'intervalle entre l'ignorance et la connaissance est beaucoup plus mince qu'entre la connaissance et l'action. »

Le livre que vous tenez dans les mains a le pouvoir de vous aider à vivre une vie plus concentrée, moins surchargée, plus simple et plus heureuse. Laissez-lui sa chance. Et appliquez-le.

Olivier Roland, auteur de *Tout le monde n'a pas eu la chance de rater ses études* (Alisio)
Traducteur de Leo Babauta en français
sur le blog www.habitudes-zen.fr

INTRODUCTION

De toute l'histoire de l'humanité, jamais nous n'avons pu faire autant de choses aussi rapidement. Jamais non plus nous n'avons été autant assaillis d'informations, de tâches, d'e-mails, de choses à lire et à consulter, ni aussi stressés par les exigences perpétuelles de nos vies.

Pour beaucoup, le travail est devenu un flux incessant d'e-mails, d'informations et de requêtes, de coups de téléphone, de messages instantanés, de papiers, de notes et de dossiers. La journée commence avec une messagerie bourrée d'e-mails et se termine avec une messagerie tout aussi pleine, chacun de ces messages représentant une demande de renseignement ou d'action que nous n'avons pas le temps d'accomplir. Nous sommes submergés d'informations de toutes sortes et venant de toutes parts, sans savoir comment réduire ce flux perpétuel. Résultat : nous perdons notre temps et sommes constamment sous tension. Pourtant, si l'on y réfléchit, ce n'est absolument pas comme cela que nous souhaitons gérer notre vie.

TROUVER LE CALME DANS LE CHAOS

Y a-t-il donc un moyen d'échapper à ce trop-plein d'informations et d'impératifs ou faut-il suivre l'exemple de Henry David Thoreau et se fabriquer une cabane dans les bois pour se retirer de la société et se couper de la technologie moderne* ? Pourquoi ne pas plutôt opter pour une solution moins radicale : une vie où l'on pourrait toujours réaliser des choses rapidement, avoir accès à autant d'informations que souhaité, profiter de la communication instantanée et de toutes les avancées technologiques, mais uniquement quand nous le décidons. Une vie plus simple dans laquelle

* Henry David Thoreau est un philosophe, poète et essayiste américain du XIXe siècle. Il appartient au courant philosophique américain transcendantaliste. Son œuvre majeure *Walden ou la vie dans les bois*, publiée en 1854, délivre ses réflexions sur une vie simple loin de la société, dans les bois. Il est aussi à l'origine du concept de non-violence et a inspiré de nombreuses figures telles que Martin Luther King, Léon Tolstoï, ou plus récemment Paul Auster.

nous ferions seulement les choses que nous voulons vraiment faire.

La solution existe : elle réside dans les limites à se fixer pour ne pas consommer ou faire plus que nous ne le souhaitons. Elle consiste à se focaliser davantage sur les choses les plus importantes. Imaginez une vie où vos journées de travail se dérouleraient sans la moindre tension, où votre niveau de stress serait minime, où vous auriez la possibilité de vous concentrer véritablement sur votre travail, et où vous ne réaliseriez que quelques tâches, mais sélectionnées pour leur plus grand impact. Vous atteindriez alors des objectifs majeurs sans le stress de devoir tout accomplir dans l'urgence. Impossible, croyez-vous ? C'est pourtant bien réalisable. Je l'ai moi-même expérimenté en utilisant une méthode très facile à appliquer. Cette méthode consiste simplement à faire des choix.

LE POUVOIR DE LA SIMPLICITÉ

Je crois profondément aux vertus de la simplicité. J'en suis même un fervent adepte. Ma vie est bien plus agréable quand je la simplifie au maximum pour profiter des choses que j'aime. Mon travail est bien plus efficace lorsque je me coupe des perturbations extérieures pour me concentrer. Mes textes sont bien plus convaincants lorsque j'élimine les mots superflus pour n'employer que les termes nécessaires pour transmettre mes idées maîtresses.

La simplicité peut revêtir une multitude de formes différentes selon le contexte. Pour certains, simplifier, c'est préférer les matières premières aux produits manufacturés, tout fabriquer et construire de ses propres mains plutôt que d'acheter, tout faire soi-même plutôt que de dépendre des autres. Pourquoi pas. Mais la simplicité que je recherche dans ma vie réside plutôt dans ce que je fais. En faire moins, pas plus, pour finalement réaliser davantage grâce aux décisions que je prends.

Simplifier repose sur deux étapes :

1. Identifier l'essentiel
2. Éliminer tout le reste

Vous apprendrez dans ce livre comment appliquer ces deux étapes dans les différents domaines de votre vie professionnelle et personnelle, sans jamais perdre de vue ces deux idées majeures : concentrez-vous sur l'essentiel et faites abstraction de tout le reste.

En suivant ces conseils, vous serez beaucoup plus heureux, moins stressé et, aussi surprenant que cela puisse paraître, plus productif.

COMMENT CETTE MÉTHODE A FONCTIONNÉ POUR MOI

Il y a encore quelques années, je croulais sous les dettes, mon emploi du temps me laissait peu de loisir pour ma famille, et je battais chaque jour un nouveau record de stress. J'avais un problème de surpoids et une bien mauvaise hygiène de vie. Chaque jour, je mangeais des aliments frits, gras et salés, je ne faisais pas de sport et je fumais. J'étais malheureux au travail et ne sortais pratiquement jamais. Ma vie était compliquée et je n'avais pas de temps pour les choses que j'aimais vraiment.

J'ai donc dû me résoudre à faire un choix : j'ai choisi de simplifier. Il fallut alors opérer des changements positifs. Tout a commencé par l'arrêt de la cigarette. Je me suis d'abord concentré sur ce premier objectif. J'ai investi toute mon énergie pour atteindre ce but, et une chose surprenante est arrivée : j'ai réussi.

Cette première victoire sur moi-même m'a incité à relever de nouveaux défis et à changer d'autres habitudes. J'utilisais la même méthode à chaque fois. Il suffisait que je concentre toute mon énergie et mon attention sur un unique objectif, et toutes les barrières s'effondraient pour me permettre d'atteindre mon but. Je n'essayais pas de tout accomplir en même temps. Grâce à cette méthode, ces dernières années, j'ai réussi à :

- ✓ me mettre au sport ;
- ✓ adopter une alimentation plus saine ;
- ✓ mieux m'organiser, être plus productif ;
- ✓ me mettre au jogging et courir deux marathons ;
- ✓ cumuler deux emplois et doubler mes revenus ;
- ✓ devenir un lève-tôt (je me lève à 4 heures chaque matin) ;
- ✓ devenir végétarien ;
- ✓ participer à deux triathlons ;
- ✓ lancer un blog à succès (zenhabits.net) ;
- ✓ rembourser toutes mes dettes ;

- ✓ mettre pour la première fois de ma vie de l'argent de côté en cas de besoin ;
- ✓ simplifier ma vie ;
- ✓ éliminer le désordre dans ma maison ;
- ✓ perdre plus de 20 kilos ;
- ✓ publier deux e-books à succès ;
- ✓ écrire le premier jet d'un roman ;
- ✓ quitter mon poste pour travailler depuis chez moi ;
- ✓ démarrer un second blog à succès pour écrivains (writetodone.com) ;
- ✓ publier ce livre.

Et tout ça en passant un maximum de temps avec mes six beaux enfants. Cela peut paraître beaucoup, mais j'y suis allé par étapes, une chose après l'autre. Toujours en me servant du concept de l'objectif unique : « Se concentrer sur un seul objectif et y consacrer toute son énergie. »

Mon blog *Zen habits*, qui explique comment j'ai réussi à atteindre tous ces objectifs, fait maintenant partie des 50 premiers blogs les plus visités au monde, avec plus de 60 000 abonnés et près de 2 millions de lecteurs par mois. De nombreux lecteurs s'étonnent que je puisse réaliser autant de choses sachant que mes journées ne comptent pas plus d'heures que les leurs. Ma réponse est toujours la même : il suffit de se fixer des limites et de se concentrer sur l'essentiel.

LES 6 PRINCIPES DE BASE OU COMMENT GAGNER EN EFFICACITÉ EN SIMPLIFIANT

La première partie de cet ouvrage explore les six principes qui régissent le concept d'aller à l'essentiel, et vous livre des astuces pour simplifier votre vie afin de gagner en efficacité. Retenez ces principes, ils réapparaîtront tout au long de ce livre :

Principe n° 1 : Se fixer des limites
Principe n° 2 : Opter pour l'essentiel
Principe n° 3 : Simplifier
Principe n° 4 : Se concentrer sur une chose à la fois
Principe n° 5 : Mettre en place des automatismes
Principe n° 6 : Commencer petit

Dans la deuxième partie de ce livre, nous mettrons en pratique le concept d'aller à l'essentiel, et aborderons les conseils pour appliquer ces fameux principes dans les domaines clés de votre vie professionnelle et personnelle.

QUEL EST L'OBJET DE CE LIVRE ?

D'abord, permettez-moi de vous dire que ce livre n'est pas un manuel. Il ne vous apprendra ni à écrire un roman, ni à courir un marathon, ni encore à arrêter de fumer. Ce livre est un guide pratique expliquant comment simplifier sa vie pour se polariser sur l'essentiel, comment en faire moins mais mieux, comment se concentrer et comment utiliser cette concentration pour atteindre tous ses objectifs, quels qu'ils soient. Il est question de se limiter plutôt que de s'en rajouter.

Chacun des chapitres de ce livre a pour objectif de vous apprendre à vous concentrer sur moins de choses à la fois et à vous servir de cette concentration pour être plus efficace dans tous les domaines de votre vie. Vous y apprendrez à simplifier ce que vous faites, à réduire votre volume de travail, la quantité de vos impératifs, de vos projets, et le flot de communication et d'informations. Vous apprendrez à alléger votre vie pour être plus serein et plus productif. Vous découvrirez à quel point simplifier peut être efficace, et comment « en faire moins » pour atteindre vos objectifs un à un. Vous apprendrez à organiser vos journées et à créer un environnement de travail plus favorable, quel que soit le lieu où vous travaillez.

Ce livre très pratique révèle comment vous concentrer sur l'essentiel pour transformer votre vie.

1

L'ART D'ALLER À L'ESSENTIEL : THÉORIE

Chapitre 1

Pourquoi moins c'est mieux

Nous vivons dans un monde où la poursuite du « toujours plus » règne en maître absolu dans presque tous les domaines. Nous courons après l'argent pour acheter de plus grandes maisons, de plus grandes voitures, plus de meubles, plus de vêtements, plus de gadgets. C'est ainsi que les petites boutiques d'antan sont devenues aujourd'hui de gigantesques centres commerciaux. Le problème, c'est que la quantité n'engendre pas toujours les meilleurs résultats. « Faire beaucoup de choses de ses journées » ne garantit pas pour autant qu'une seule de ces choses ait vraiment d'utilité. C'est comme à la roulette : « plus on joue, plus on a de chances de gagner », alors on croit qu'il faut accomplir un maximum de tâches pour avoir la chance de voir l'une d'elles rapporter le gros lot.

Nous consommons, produisons et faisons toujours et encore plus... Une seule limite nous stoppe net dans notre course folle : le temps. Eh oui ! Les journées ne comptent malheureusement que 24 petites heures. Beaucoup trop court pour réaliser tout ce qu'on a à faire. Et personne n'a encore trouvé le moyen de les rallonger ! Si cette contrainte temporelle représente un réel problème pour certains, d'autres tentent d'en caser encore plus dans leurs journées. Ces derniers sont persuadés qu'en gérant leur temps plus efficacement et en apprenant à être plus productifs, ils pourront réaliser davantage de projets en un minimum de temps. Mais ça ne fonctionne pas comme ça. « Faire beaucoup de choses » peut aussi signifier brasser beaucoup d'air et se fatiguer pour rien tout en se laissant envahir par le stress.

Prenons l'exemple de deux journalistes qui travaillent dans le même magazine. Chaque semaine, le premier rédige une trentaine d'articles tandis que l'autre n'en rend qu'un seul. Celui qui écrit les 30 articles par semaine doit fouiller un maximum de sources pour ne trouver que des sujets de piètre intérêt, qu'il va transformer en de brefs articles de quelques lignes qui ne retiendront finalement pas beaucoup l'attention. Son directeur de publication le félicite cependant pour la quantité de travail effectuée.

Le second journaliste, quant à lui, sait que s'il ne doit écrire qu'un seul article dans la semaine, celui-ci a tout intérêt à ne pas passer inaperçu. Il consacre donc sa matinée du lundi à faire des recherches, rassembler ses idées et réfléchir au sujet jusqu'à tomber sur le scoop qui laissera ses lecteurs pantois. Ce sera un article qui gagnera un prix ou il ne sera pas. Il passe alors deux jours à faire des recherches, deux autres à rédiger et vérifier les faits et les informations. Résultat : non seulement c'est lui qui produit le meilleur papier de la semaine, mais son article obtient un prix et les lecteurs se l'arrachent, ce qui lui vaut une promotion et une reconnaissance sur le long terme. C'est ça, « en faire moins pour réussir ».

L'EXEMPLE DU HAÏKU

Le haïku (petit poème japonais extrêmement bref visant à exprimer l'évanescence des choses) illustre à la perfection l'art d'aller à l'essentiel. Tirons quelques leçons de ces riches enseignements. Comme vous le savez sûrement, le haïku est un poème souvent en rapport avec la nature et composé seulement de 17 syllabes en trois vers (cinq syllabes, puis sept, puis cinq). Pour composer son haïku, le poète doit impérativement respecter ces restrictions. L'intégralité de son idée ou de sa métaphore doit tenir dans ce nombre restreint de vers. Pas facile ! C'est une mission qui peut même paraître impossible si l'on a quelque chose d'important à communiquer. Le poète se retrouve alors confronté à un choix : trouver rapidement 17 syllabes qui riment à peu près et achever son haïku en deux temps, trois mouvements, ou bien prendre le temps de choisir soigneusement les termes et les images les plus adéquats pour véhiculer son idée. En visant l'essentiel, la concision du haïku n'a d'égale que sa force d'expression. Cette forme de poésie des plus condensées est aussi l'une des plus puissantes. Les leçons que nous pouvons tirer du haïku correspondent aux deux premiers principes de l'art « d'en faire moins pour faire mieux » :

Principe n° 1 : Se fixer des limites, cela suppose de sélectionner et de ne garder que l'essentiel. Apprenez donc à vous fixer des limites dans tout ce que vous faites.

Principe n° 2 : Opter pour l'essentiel, c'est obtenir un maximum d'impact avec un minimum de ressources. Choisir l'essentiel, c'est optimiser son temps et son énergie.

Ces deux principes résument à eux seuls le concept de *L'art d'aller à l'essentiel.* Ils représentent la clé de voûte du système. Tout ce qui suit n'est qu'un approfondissement de ces principes et un aperçu de leurs applications possibles dans de nombreux domaines de votre vie.

CHOISIR LES TÂCHES QUI ONT LE PLUS D'IMPACT

Au travail, nous pouvons être soit comme le premier journaliste qui travaille d'arrache-pied, rédige les articles à la chaîne et obtient les félicitations de son patron pour l'ampleur du travail effectué (et l'amitié de ses collègues ravis de trouver en lui un bourreau de travail se jetant sur la moindre tâche qui se présente) ; soit comme le second journaliste qui choisit de faire moins de choses, mais avec plus d'impact. Oui, mais qu'est-ce qu'« avoir de l'impact » ? Voici ce qui caractérise une tâche ou un projet à « fort impact » :

- s'il apporte une reconnaissance durable ;
- s'il rapporte beaucoup d'argent sur le long terme ;
- s'il est bénéfique pour votre société en termes de revenus, de publicité, de développement, etc. ;
- s'il modifie votre carrière ou vous permet d'évoluer professionnellement ;
- s'il opère un changement important dans votre vie privée ;
- s'il contribue à la société et à l'humanité en général.

Ce ne sont là que quelques exemples. Il existe une multitude d'autres raisons pour qu'une tâche ou un projet soit considéré comme porteur d'un fort impact. Pour déterminer les tâches à fort impact, vous avez le choix entre deux méthodes :

Méthode n° 1 : Établissez des priorités sur votre liste de choses à faire. Pour chacun des points qui figurent sur votre liste, posez-vous les questions suivantes : cela va-t-il avoir un impact qui perdurera au-delà de la semaine ou du mois ? En quoi cela va-t-il modifier mon travail, ma carrière ou ma vie privée ? En quoi cela peut-il faire avancer l'un de mes objectifs à long terme ? À quel point cet objectif est-il important ? À la lumière de ces réponses, les tâches dont l'impact est le plus fort vous apparaîtront plus clairement. Même si cela peut vous sembler quelque peu fastidieux au début, vous verrez qu'avec un peu d'entraînement, cette opération ne vous prendra plus que quelques minutes.

Méthode n° 2 : Commencez par les objectifs qui vous tiennent le plus à cœur. Identifiez d'abord clairement les objectifs que vous aimeriez atteindre dans l'année, puis planifiez vos tâches de manière à faire progresser ces objectifs un petit peu chaque jour. Imaginons, par exemple, que vous ayez trois objectifs à longue échéance. Chaque jour, choisissez d'accomplir au moins une des tâches de votre liste qui vous rapprochera de ces objectifs. Vous aurez ainsi la certitude d'effectuer les tâches au plus fort impact puisqu'elles sont en relation directe avec vos objectifs à longue échéance.

Laquelle de ces deux méthodes devez-vous utiliser ? Celle qui fonctionne le mieux pour vous. Rien ne vous empêche de les combiner pour un résultat optimal. Car même en planifiant au mieux votre emploi du temps en fonction de vos objectifs, vous ne pourrez jamais éviter que de nouvelles tâches sans aucun rapport avec les objectifs fixés ne viennent se surajouter à votre liste. Une nouvelle tâche en poussant une autre, elles s'accumulent sur votre liste qui s'allonge, qui s'allonge… et les tâches sans rapport avec vos objectifs risquent fort de passer devant celles qui le sont. Dans ce cas, mieux vaut reprendre votre liste (méthode n° 1) de manière à ne sélectionner que les tâches à l'impact maximum plutôt que d'essayer de tout faire sans hiérarchiser par ordre d'importance.

FIXEZ DES LIMITES DANS TOUS LES DOMAINES DE VOTRE VIE

Servez-vous des enseignements du haïku : en se fixant des limites, on se contraint à faire des choix, à privilégier l'essentiel et à tirer ainsi tous les bénéfices du concept de *L'art d'aller à l'essentiel*, non seulement pour les tâches qui figurent sur nos listes, mais aussi pour tout le reste. Dans tous les domaines de votre vie, fixez des limites. Vous avez trop d'e-mails sur votre messagerie ? Ne les relevez que deux fois par jour et ne répondez qu'à cinq d'entre eux à chaque fois. Vous serez ainsi amené à travailler plus efficacement et à ne répondre qu'aux e-mails importants. Vous avez trop de projets ? Limitez-les au nombre de trois. Votre espace à vivre est saturé ? Élaguez, triez et limitez-vous à 200 objets par pièce. Maintenant que vous avez compris le système, procédez de la même manière en passant en revue tous les domaines de votre existence.

Nous verrons au cours des prochains chapitres comment utiliser les enseignements du haïku pour améliorer chacun de ces domaines. Mais pour le moment, posez-vous les questions suivantes :

- ✓ Quels sont les domaines de ma vie dans lesquels je me sens débordé ?
- ✓ Qu'est-ce que je souhaiterais simplifier ?
- ✓ Outre les tâches à accomplir dans les différents domaines de ma vie professionnelle et privée, est-ce que je souhaite également limiter la quantité de biens que je possède,

d'informations que je reçois ou de responsabilités qui m'incombent ?

Ce ne sont pour l'instant que des questions préliminaires. Nous y reviendrons ultérieurement pour apprendre à faire le choix entre ce qui est essentiel pour vous et ce qui ne l'est pas.

Chapitre 2

L'art de se fixer des limites

Nous menons des vies encombrées d'objets en tout genre, d'informations, de papiers, de choses à faire… bref, de tout. Malheureusement (ou peut-être heureusement), notre temps et notre espace sont limités. Alors, lorsque nous avons trop de tout, c'est comme essayer de faire entrer l'intégralité d'une penderie dans un tiroir, c'est tout simplement impossible. Les vêtements seront difficilement accessibles et, tôt ou tard, le tiroir cédera.

Le problème réside donc dans le fait que nous n'avons pas de limites. C'est comme partir faire du shopping sans se fixer à l'avance un budget à ne pas dépasser : vous aurez tendance à acheter un tas de choses dont vous n'avez pas besoin. Mais si vous vous êtes fixé un budget maximum (par exemple 100 euros), vous n'achèterez que le strict nécessaire et rentrerez avec beaucoup moins de bric-à-brac. Nos vies entières sont comme ça : nous vivons sans limites. Même si cette liberté semble fort agréable au premier abord, nous tombons vite dans l'excès. Et nous n'avons pas assez de place pour tout entasser. De même, essayer de tout faire est ingérable. Il est impossible de tout intégrer dans nos vies. Cela nous pénalise à tous les niveaux. À force de nous disperser, nous perdons en pouvoir et en efficacité. Nous nous épuisons au point de ne plus disposer d'assez d'énergie pour les choses importantes.

Vivre sans limites, c'est comme verser un pot de peinture rouge dans l'océan et regarder la couleur se diluer jusqu'à disparaître complètement. Vivre avec des limites ou se concentrer sur moins de choses à la fois, c'est mettre ce même pot de peinture dans une bouteille d'un litre d'eau.

Vivre sans limites, c'est faire comme ce joueur de base-ball qui joue trois matchs par jour et lance un nombre maximum de balles, aussi fort et aussi loin que possible. Il se fatigue vite et n'a bientôt plus de forces pour tirer. Vivre avec des limites, c'est ne faire qu'un match tous les trois jours et battre ses adversaires à plates coutures à chaque fois.

Vivre sans limites, c'est essayer de creuser un hectare avec une simple pelle. Vivre avec des limites, c'est creuser avec cette même pelle à un seul endroit jusqu'à trouver la source.

Vivre sans limites vous affaiblit. Apprenez à vous concentrer sur moins de choses grâce aux limites que vous vous êtes fixées, et vous décuplerez vos forces. Dans ce chapitre, nous approfondirons le principe n° 1, à savoir : se fixer des limites.

EN QUOI SE FIXER DES LIMITES PEUT-IL ÊTRE BÉNÉFIQUE ?

Principe n° 1 : Savoir se fixer des limites

Passer d'une vie sans limites, dans laquelle vous vous sentiez débordé et peu efficace, à une vie avec des limites, dans laquelle vous gardez le contrôle en toute situation grâce à votre concentration, est une expérience incroyable que je souhaite à tout le monde. Vous tirerez de nombreux bénéfices à vous fixer des limites :

- ✓ Tout est simplifié. Votre vie devient plus facile à gérer et plus sereine.

- ✓ Vous vous recentrez sur vous-même. Au lieu de vous éparpiller, vous canalisez toute votre énergie sur un petit nombre de choses à faire.
- ✓ Vous percevez mieux l'essentiel. Plutôt que d'essayer de TOUT faire et de ne plus avoir suffisamment de temps pour les choses qui sont importantes pour vous, vous ne faites QUE ce qui est important pour VOUS. Une révolution pour beaucoup d'entre nous !
- ✓ Vous avez plus de chances d'atteindre vos objectifs. Si vous êtes accaparé de toutes parts, vous progressez à pas de fourmi. Mais si vous vous focalisez uniquement sur les choses importantes, vous atteindrez vos objectifs beaucoup plus rapidement. Donc pour être efficace, concentrez-vous sur l'essentiel.
- ✓ Vous indiquez aux autres que votre temps est important. Si vous vous jetez sur la moindre tâche, ceux qui vous entourent pensent que leur temps est plus précieux que le vôtre, et n'hésiteront pas à vous solliciter au moindre besoin. Si, en revanche, vous posez des limites fermes sur les tâches que vous acceptez d'effectuer, c'est que votre temps vous est précieux. Votre entourage le respectera lui aussi davantage.

✓ Vous êtes plus efficace. En accomplissant moins de tâches inutiles et plus de travail important, vous brassez moins d'air et utilisez votre énergie et votre temps limités à quelque chose qui a un impact sur le long terme. En éliminant tout ce qui n'est pas vraiment essentiel dans votre vie, vous optimisez donc votre temps.

FIXER DES LIMITES, OUI, MAIS DANS QUELS DOMAINES ?

Tous les domaines dans lesquels vous vous sentez débordé ou que vous souhaiteriez améliorer nécessitent des limites. Mais ce n'est pas une raison pour essayer de chambouler toute votre vie d'un coup. Ce serait d'ailleurs le meilleur moyen de courir à l'échec. S'atteler à trop de choses en même temps va à l'encontre même du concept de *L'art d'aller à l'essentiel*. Pour parvenir à vous fixer des limites, commencez par un domaine, un seul, si possible celui qui a le plus grand potentiel de succès (ou le plus facile). Par quoi commencer ?

La vie de chacun étant différente, il y a peut-être autant de réponses que d'individus sur terre. À vous de trouver ce qui marche le mieux pour vous. Prenez quelques minutes de réflexion. Quels sont les domaines de votre vie qui vous prennent trop de temps ou qui vous surchargent de travail ? Qu'aimeriez-vous simplifier ?

Quelques idées pour commencer :

- Les e-mails
- Les tâches quotidiennes
- Le temps passé au téléphone
- Le nombre de projets en cours
- Les blogs et autres sites Internet que vous lisez
- Le temps que vous passez sur Internet
- Les piles de dossiers qui attendent d'être traités sur votre bureau

Ce ne sont que quelques idées, bien sûr. Vous trouverez bientôt une foule d'autres domaines auxquels vous attaquer. Concentrez-vous sur un seul changement à la fois jusqu'à en faire un automatisme, avant de passer à un autre.

COMMENT FIXER DES LIMITES ?

La première fois que vous vous décidez à limiter quelque chose, vous risquez, par ignorance, de choisir un nombre totalement arbitraire. Il vous faudra alors tâtonner un peu avant de savoir ce qui fonctionne pour vous. Ne fixez pas un chiffre au hasard. Comparez votre situation à votre idéal. Par exemple, si vous avez décidé de limiter le nombre de fois où vous relevez vos e-mails, prenez un chiffre qui vous semble grosso modo correspondre à vos réels besoins dans une fourchette raisonnable. Choisissez votre limite dans un ordre de grandeur réaliste par rapport à votre propre expérience.

Si vous avez pour habitude de vérifier vos e-mails 10 à 15 fois par jour et que cela vous semble un peu excessif, car vous avez l'impression d'y passer trop de temps au lieu de vous occuper des tâches plus utiles, limitez-vous à une fourchette comprise entre une et cinq fois par jour. Essayez une fois le matin et une fois en fin de journée, juste avant de quitter le travail. Ajustez si nécessaire.

Il faut bien sûr tester cette nouvelle limite pour voir si elle fonctionne pour vous. Est-ce une limite que vous pouvez raisonnablement respecter ? Ne nuira-t-elle pas à votre communication avec les autres ? Abattez-vous plus de travail grâce à elle ? Testez cette nouvelle limite sur une semaine. Si vous voyez qu'elle ne fonctionne pas pour vous (et il n'y a pas de recette miracle ni de limite universelle), faites les petits réglages nécessaires. Si vous avez constaté que deux fois par jour était trop peu, essayez trois fois par jour. Puis testez cette nouvelle limite jusqu'à ce que vous trouviez votre limite idéale et qu'elle devienne systématique. C'est seulement quand cette limite sera devenue une habitude que vous pourrez passer à un autre domaine de votre vie.

① Analysez combien de fois par jour vous faites une chose et descendez d'un cran en fonction de ce que vous pensez être l'idéal.
② Testez cette limite pendant une semaine pour voir si elle vous convient.
③ Si celle-ci ne fonctionne pas, revoyez-la à la hausse ou à la baisse, selon vos besoins, et testez-la sur une nouvelle semaine.
④ Continuez ainsi jusqu'à trouver votre limite idéale et en faire un automatisme.

Maintenant que vous savez fixer des limites, vous allez découvrir comment les optimiser. Il suffit d'opter pour l'essentiel puis de simplifier. C'est là que vous percevrez le véritable pouvoir des limites : lorsqu'elles vous restreignent à l'essentiel. Ce point sera développé dans le prochain chapitre.

Chapitre 3

Optez pour l'essentiel et simplifiez

Dans ce chapitre, nous allons explorer le principe n° 2 : Opter pour l'essentiel, et le principe n° 3 : Simplifier.

Il est primordial de sélectionner l'essentiel avant de simplifier, sinon vous risquez d'éliminer les choses importantes et de garder les autres ! Alors, comment reconnaître l'essentiel ? C'est une très bonne question, car une fois que vous saurez ce qui est essentiel pour vous, tout le reste coulera de source. Vous pourrez réduire vos projets, vos tâches, l'excès d'informations, vos engagements et tout le fatras encombrant. Pour savoir ce qui est essentiel, c'est très simple : il suffit d'éliminer tout ce qui ne l'est pas. Comme pour sculpter la statue d'un éléphant, il suffit de retirer tout ce qui ne ressemble pas à un éléphant.

NE METTEZ PAS LA CHARRUE AVANT LES BŒUFS !

La plupart des méthodes pour être plus efficace vous apprennent à faire les choses plus rapidement sans réfléchir à leur véritable utilité. Elles vous donnent des astuces pour gérer les impératifs, les urgences et les informations qui vous assaillent, mais sans faire la distinction entre ce qui est important et ce qui ne l'est pas. Et vous finissez par faire tout ce qui vous tombe dessus. Vous vous retrouvez à la merci de n'importe quelle nouvelle lubie ou requête. Pour éviter cela, à chaque fois que vous vous apprêtez à faire quoi que ce soit, demandez-vous si c'est vraiment essentiel. Que vous réfléchissiez à ce que vous souhaitez faire dans la journée, la semaine, l'année ou votre vie en général, à quels mails répondre, à ce que vous pouvez vous permettre d'acheter ce mois-ci en tenant compte de votre budget limité, ou à la manière de remettre de l'ordre dans votre bureau ou votre maison, ne perdez jamais de vue l'essentiel. C'est ça, mettre les bœufs avant la charrue, et non l'inverse : d'abord repérer l'essentiel, puis organiser votre planning.

CHOISIR L'ESSENTIEL : UNE SÉRIE DE QUESTIONS À SE POSER

Principe n° 2 : Opter pour l'essentiel

Aidez-vous des questions suivantes pour choisir l'essentiel dans tout ce que vous faites, surtout si vous avez du mal à distinguer ce qui l'est de ce qui ne l'est pas. Au bout de quelque temps, ces questions deviendront vite un réflexe.

1. **Quelles sont vos valeurs ?** Pensez aux choses qui vous tiennent particulièrement à cœur, aux qualités que vous souhaiteriez développer et aux principes que vous souhaiteriez voir régir votre vie. Une fois ces valeurs identifiées, toutes vos actions et décisions doivent être en accord avec elles.
2. **Quels sont vos objectifs ?** Qu'aspirez-vous à faire au cours de votre vie ? L'année prochaine ? Ce mois-ci ? Aujourd'hui ? Plus clairement vous déterminerez vos objectifs, mieux vous identifierez les moyens d'y parvenir.
3. **Quelles sont vos passions ?** Réfléchissez à ce que vous appréciez par-dessus tout, avec qui vous aimez passer du temps, ce que vous aimez faire. Listez ainsi toutes vos passions.

4. **Qu'est-ce qui est important pour vous ?** Dans le même ordre d'idées, faites une liste des choses les plus importantes dans votre vie, votre travail et tous les autres domaines de votre vie professionnelle et privée.
5. **Qu'est-ce qui a le plus fort impact ?** S'il vous faut choisir parmi tous vos projets et tâches à accomplir, réfléchissez à ce qui aura le plus de répercussions sur votre vie privée et professionnelle. Par exemple, si vous devez choisir entre passer des coups de fil, aller à un rendez-vous et rédiger un rapport, imaginez les conséquences engendrées par chacune de ces activités. Les appels concernent des clients qui dépensent peut-être 100 euros chacun dans votre société ; le rendez-vous est prévu avec un client qui rapportera 10 000 euros à votre entreprise si vous parvenez à lui faire signer le contrat ; et le rapport risque de passer totalement inaperçu, s'il a même la chance d'être lu. Dans ce cas précis, c'est évidemment le rendez-vous que vous allez choisir.
6. **Qu'est-ce qui a le plus d'impact sur le long terme ?** Il faut bien faire la différence entre la force d'un impact et sa valeur sur le long terme. Dans notre exemple, si le rendez-vous avec le client est susceptible

de rapporter 10 000 euros à votre société immédiatement, une campagne publicitaire sur le long terme peut rapporter, quant à elle, des centaines de milliers d'euros l'année suivante. L'impact ne se quantifie d'ailleurs pas forcément en termes pécuniaires, mais selon tout critère qui revêt une certaine valeur à vos yeux.

7. **Est-ce un désir ou un besoin ?** Posez-vous cette question à chaque fois que vous hésitez à acheter certaines choses. En avez-vous vraiment besoin ou seulement envie ? Si vous parvenez à identifier vos véritables besoins, il vous sera facile d'écarter la plupart de vos désirs, souvent loin d'être essentiels.
8. **Qu'est-ce qui est essentiel ?** Lorsque vous avez du mal à faire la distinction entre ce qui est essentiel et ce qui ne l'est pas, prenez le problème à l'envers : éliminez d'abord tout ce qui n'est pas essentiel. Sur votre liste de choses à faire, par exemple, rayez tous les points de moindre importance. Il ne fait aucun doute que laver votre voiture n'est pas aussi important que régler vos factures ou réparer cette fuite qui vous coûte cher. Une fois les points les moins

essentiels éliminés, il ne vous restera plus que les « indispensables » sur votre liste.

9. **Revoyez constamment votre liste de choses à faire.** Il est souvent difficile, voire impossible, d'éliminer tous les points non essentiels du premier coup. Alors enlevez-en un maximum et tenez-vous-en à ceux qui restent. Reprenez votre liste une semaine ou deux plus tard et rayez-en d'autres. Continuez ainsi jusqu'à ce que vous ne puissiez plus rien éliminer.

COMMENT METTRE EN PRATIQUE CETTE SÉRIE DE QUESTIONS ?

Comme vous l'avez compris, ces questions permettent de déterminer quelles sont les choses vraiment essentielles pour vous, quel que soit le domaine de votre vie considéré. Qu'il s'agisse de vos projets et tâches professionnelles, de vos e-mails, de vos finances, de vos objectifs personnels, de vos divers engagements, ou de ranger votre intérieur et votre bureau, demandez-vous toujours si ce que vous vous apprêtez à faire est essentiel. C'est la première étape et aussi la plus importante pour vous simplifier la vie et être plus efficace. Cela suppose de cesser un instant votre activité en cours pour la reconsidérer dans une perspective plus large : cette activité vise-t-elle un essentiel ? Quels sont ces essentiels ? Pouvez-vous éliminer tout ce qui n'est pas essentiel ? Prenez le temps de vous poser ces questions (quelques heures ou quelques jours s'il le faut), et ce que vous avez réellement besoin et envie de faire vous apparaîtra plus clairement. Vous serez bien plus efficace si vous ne vous concentrez que sur ce qui est important. Vous perdrez aussi moins de temps à faire des choses secondaires, que vous n'aimez pas faire, ou qui ne contribuent en rien à l'aboutissement de vos projets.

Voici quelques applications concrètes que vous pouvez tirer de ces questions (nous y reviendrons plus en détail dans le prochain chapitre).

- **Engagements.** Quels sont les engagements réellement essentiels dans votre vie ? Pour chacun de ces engagements, posez-vous la série de questions sur les essentiels, notamment celles qui portent sur vos valeurs, vos objectifs et vos passions, dans le but de réduire les engagements subsidiaires.
- **Objectifs pour l'année en cours.** Chaque début d'année, les bonnes résolutions fusent.

Fermement investis du désir d'atteindre une foule de nouveaux objectifs, nous y parvenons pourtant rarement. En faisant le bilan en fin d'année, nous nous rendons compte que les choses ne se sont pas forcément déroulées comme prévu. L'une des principales raisons de ces échecs est que l'on se fixe trop d'objectifs à la fois. Ne choisissez qu'un ou deux objectifs majeurs et ne les lâchez pas de l'année. Servez-vous de la série de questions des essentiels pour décider des objectifs qui vous tiennent le plus à cœur. Vous pourrez toujours vous occuper des objectifs moins importants plus tard.

- **Obligations professionnelles.** Si vous avez trop d'obligations professionnelles, simplifiez. Déterminez vos priorités : quels projets visez-vous cette semaine ? Sur quelles tâches allez-vous vous focaliser aujourd'hui ? Éliminez un maximum d'obligations non essentielles. Aidez-vous pour cela des questions 2, 5 et 6, p. 55 à 57.
- **E-mails.** Si vous avez 20 e-mails en attente d'une réponse, utilisez le questionnaire pour sélectionner trois des cinq mails auxquels vous répondrez aujourd'hui. Vous

vous occuperez des autres demain, à moins que vous n'osiez carrément les éliminer.

- **Finances.** Savoir faire la différence entre désirs et besoins revêt ici toute son importance, mais les questions des essentiels sur vos objectifs et vos valeurs sont aussi une bonne référence en la matière, car si vos dépenses coïncident avec ces objectifs et ces valeurs, vous éviterez beaucoup de dépenses inutiles, et vos finances ne s'en porteront que mieux.
- **Tri.** Servez-vous de la question des désirs et des besoins pour élaguer votre bazar. Ne garder que l'essentiel suppose un tri constant. Éliminez tout ce qui n'est pas foncièrement essentiel, et ne gardez que les choses que vous aimez vraiment et que vous utilisez régulièrement.
- **Reconsidérez régulièrement ses priorités.** L'essentiel ne se choisit pas une fois pour toutes. C'est un processus qui demande une révision constante au fur et à mesure des nouveaux objets et papiers accumulés, de l'évolution de vos valeurs et objectifs, et de votre acuité à réaliser que vous pouvez vivre avec de moins en moins de choses. Procédez domaine par domaine. Faites le tour de celui à simplifier et éliminez tout

ce qui est en trop. Prévoyez de refaire un point dans quelque temps et régulièrement par la suite.

Simplifier votre vie ne signifie pas la vider entièrement non plus ! Cela veut tout simplement dire laisser de l'espace pour ce qui vous est cher. Définissez clairement ces priorités avant de commencer à simplifier.

Principe n° 3 : Simplifier – éliminer ce qui n'est pas essentiel

Simplifier devrait être chose facile maintenant que vous avez identifié l'essentiel : il suffit d'éliminer tout ce qui ne l'est pas. Mais dans la pratique, ce n'est pas toujours évident, et tout est une question d'entraînement.

Une fois que vous avez identifié les trois tâches les plus importantes de votre liste, simplifiez-la en éliminant un maximum de tâches non essentielles (toutes celles que vous n'aurez pas identifiées comme essentielles). Commencez par rayer les points de moindre importance, déléguez les tâches qui peuvent l'être, et reportez celles que vous n'êtes pas expressément obligé de remplir aujourd'hui.

Les choses se corsent si l'on vous sollicite pour une demande qui ne vous semble pas essentielle. Dans ce cas, vous devrez apprendre à dire « non ». Nous aborderons ce problème plus en détail dans le chapitre « Simplifiez vos obligations », p. 163, mais, pour le moment, comprenez bien que dire « non » n'est qu'une manière de vous en tenir à l'essentiel. Ne craignez pas de vexer, en refusant vous ne faites que signaler que vous n'avez pas le temps de vous occuper d'autres choses. Avec un peu de pratique, vous verrez qu'il vous sera de plus en plus facile de dire « non », d'autant que vous serez de plus en plus convaincu des bienfaits à long terme de vous en tenir à l'essentiel. Et votre entourage appréciera davantage votre franchise quant aux engagements que vous pouvez tenir sans vous surcharger. Respectez votre temps, les autres le respecteront aussi.

Chapitre 4

Une chose à la fois

Votre capacité de concentration représente votre meilleur outil pour gagner en efficacité. Alors, une chose après l'autre. Plus vous vous focaliserez sur un seul objectif à la fois, plus vous aurez de chances de l'atteindre. Ancrez-vous dans l'instant présent pour oublier stress et anxiété.

Principe n° 4 : Se concentrer sur une chose à la fois

COMMENT VOUS CONCENTRER SUR UNE SEULE CHOSE À LA FOIS PEUT-IL AMÉLIORER VOTRE VIE ?

✓ **Ne perdez jamais de vue votre objectif.** Votre faculté à vous concentrer est LE facteur déterminant dans la réussite des tâches que vous vous assignez et des nouvelles habitudes à mettre en place. Ce ne sont ni l'autodiscipline, ni la récompense, ni la force de volonté, ni même la motivation (bien que celle-ci reste malgré tout un élément essentiel) qui garantissent le succès, mais bien votre pouvoir de concentration. Point de réussite sans concentration, à moins que votre objectif ne soit ridiculement facile à atteindre.

✓ **Concentrez-vous sur le moment présent.** Vous focaliser sur l'instant présent vous aidera à réduire votre stress et à profiter pleinement de votre vie tout en améliorant votre efficacité. Ce travail d'abstraction du passé et du futur demande néanmoins beaucoup d'entraînement. Nous découvrirons comment y parvenir dans le prochain chapitre.

✓ **Focalisez-vous sur la tâche en cours.** N'avez-vous jamais été tellement absorbé par une tâche que le reste du monde n'existait plus ? En effet, se concentrer intensément sur quelque chose fait perdre la notion du temps. C'est un élément déterminant dans la quête du bonheur, aussi bien dans le travail que dans les loisirs. Les plus grandes joies nous envahissent non pas quand nous sommes passifs, mais quand nous sommes complètement absorbés par l'activité en cours. Il faut évidemment que le travail en question vous passionne et éviter toute distraction pour être tout à votre tâche.

✓ **Voyez les choses positivement.** L'une des plus grandes qualités que l'on puisse posséder est de savoir prendre conscience de ses pensées négatives et de les remplacer par des pensées positives. Je l'ai compris en arrêtant de fumer et en me mettant à la course à pied. Il y a tant de fois où l'envie d'abandonner se fait sentir que si vous ne rattrapez pas ces mauvaises pensées à temps, elles pourraient bien finir par prendre le pas sur vos bonnes résolutions. Alors positivez ! Voyez comme vous vous sentez tout de suite mieux. Dites-vous bien que si d'autres en ont été capables, vous aussi. Imaginez la pure sensation de bonheur que vous ressentirez une fois votre but atteint. Apprenez donc à voir le côté positif en toutes circonstances. Ne vous figez pas sur les aspects négatifs ou difficiles de votre vie mais plutôt sur les éléments positifs : c'est le chemin du bonheur. Soyez heureux de votre sort, et pensez au sentiment de plénitude dans lequel vous baignerez lorsque vous aurez mené à bien la tâche entreprise.

CHAQUE CHOSE EN SON TEMPS !

On est toujours en train de faire trente-six choses à la fois.
Vous planchez sur deux projets en même temps lorsque votre patron vous pose deux nouveaux dossiers sur votre bureau. Vous êtes en ligne alors que trois nouveaux e-mails arrivent dans votre boîte. Votre collègue vous demande une information pour laquelle votre moteur de recherche affiche plus de 100 articles à lire.
Savoir jongler rapidement entre les tâches est une question de survie en cette ère numérique. À l'heure de la technologie instantanée, nous sommes bombardés d'informations et de requêtes simultanées. Le problème, c'est que nous ne sommes pas faits pour gérer autant de choses à la fois, et nous devenons rapidement débordés au point que notre système commence à montrer certaines défaillances.
Concentrez-vous sur une seule tâche à la fois et travaillez le plus simplement du monde afin de préserver votre santé mentale et d'améliorer votre efficacité.

Pourquoi faut-il éviter de faire plusieurs choses à la fois ?

- ✗ Faire plusieurs choses à la fois rend moins efficace, car il faut changer de rythme et de matériel à chaque nouvelle tâche, ce qui engendre une perte de temps.
- ✗ Faire plusieurs choses à la fois est source de stress et d'erreurs.
- ✗ Faire plusieurs choses à la fois peut finir par rendre fou, et dans ce monde déjà chaotique il est inutile d'en rajouter.

L'art de ne faire qu'une chose à la fois, en 7 points

1. Première chose de la journée, le matin, travaillez sur votre tâche la plus importante et ne faites rien d'autre tant qu'elle n'est pas terminée. Accordez-vous une courte pause puis attelez-vous à votre deuxième tâche la plus importante. Si vous parvenez à accomplir deux ou trois tâches importantes dans la matinée, quel bonheur d'avoir le reste de la journée pour vous !
2. Lorsque vous travaillez sur un projet dans un délai précis, évitez toute distraction. Éteignez votre portable, bloquez votre messagerie et fermez toutes les pages Internet ouvertes. Si le fixe sonne, ne répondez

pas. Concentrez-vous exclusivement sur cette tâche, sans vous soucier des autres qui attendent derrière.

3. Si la tentation se fait trop impérieuse de consulter vos e-mails ou de passer à autre chose, arrêtez-vous un instant. Prenez une profonde inspiration… et remettez-vous à votre travail de départ.
4. Si de nouvelles missions arrivent alors que vous êtes en train de travailler, placez-les dans votre boîte mail ou notez-les sur un petit carnet ou encore dans un fichier texte sur votre ordinateur, et retournez à ce que vous étiez en train de faire.
5. De temps à autre, entre deux tâches, reprenez vos notes et rouvrez votre messagerie pour consulter vos nouveaux e-mails à intervalles réguliers et prédéterminés.
6. Cependant, certaines urgences n'attendent pas. Dans ce cas, notez où vous en êtes, et regroupez tous les documents concernant la tâche que vous étiez en train d'accomplir sous un seul et même dossier. Ainsi, lorsque vous reprendrez cette tâche, il vous suffira d'ouvrir votre dossier et de regarder vos notes pour retrouver facilement où vous en étiez resté.

7. Accordez-vous des pauses de temps en temps. Respirez profondément, étirez-vous et faites quelques mouvements. Sortez prendre l'air. Profitez de la vie. Faites tout pour rester en bonne santé.

COMMENT SE CONCENTRER SUR LE MOMENT PRÉSENT ?

Apprenez à vous concentrer sur le moment présent plutôt que sur le passé et le futur. Vous serez plus serein, plus productif, plus efficace et en meilleure forme.

Se concentrer sur le moment présent requiert simplement de l'entraînement. Au début, cela vous paraîtra peut-être difficile. Votre esprit va se mettre à vagabonder, vous allez commencer à philosopher, c'est-à-dire à penser à ce que vous pensez, et à si vous pensez de la bonne manière, et à s'il y a une bonne manière, etc., jusqu'à ce que vous ne soyez plus dans le présent. C'est normal. Nous faisons tous ça.

Ne vous en voulez pas pour autant. Ne vous découragez pas. Entraînez-vous. En déjeunant, en faisant la vaisselle après le dîner, pendant votre jogging ou votre promenade du soir. À chaque fois que vous le pouvez, essayez et essayez encore. Et vous y arriverez. Je vous le garantis.

Voici quelques exemples pour vous entraîner à vous concentrer sur le moment présent :

- ✓ **Lorsque vous mangez, ne faites que manger.** La meilleure manière de penser au moment présent est de ne faire qu'une seule chose à la fois. Lorsque vous mangez, ne lisez pas, ne réfléchissez pas à autre chose ou ne faites pas votre repassage (surtout si vous mangez quelque chose qui pourrait tacher votre linge propre !). Ne faites que manger. Prenez conscience de ce que vous mangez. Vivez-le avec vos cinq sens, appréciez l'odeur, le goût, la texture… et mangez lentement. Agissez de même avec tout le reste : en faisant la vaisselle, en prenant une douche, en conduisant, en jouant… Ne faites pas trente-six choses à la fois. Faites uniquement ce que vous êtes en train de faire, et rien d'autre.
- ✓ **Vivez en pleine conscience.** Prenez davantage conscience de vos pensées intérieures. Il vous arrivera forcément de songer au

passé ou au futur. C'est normal. Soyez simplement conscient de ces pensées. C'est en prenant conscience d'elles que vous pourrez changer les choses.

- ✓ **Soyez indulgent avec vous-même.** Si vos pensées bifurquent sur le passé ou le futur, ne vous flagellez pas et ne les chassez pas avec force. Prenez-en juste conscience et laissez-les gentiment partir. Puis recentrez-vous sur le présent.
- ✓ **Faites du sport.** Le sport, c'est ma manière de méditer. Lorsque je cours, je m'efforce de ne faire que courir. Je me concentre sur mes foulées, ma respiration, mon corps, rien que sur le présent. Le sport est un excellent entraînement à vivre l'instant présent.
- ✓ **Faites de toutes vos activités quotidiennes un entraînement à vivre l'instant présent.** Toute activité peut être l'occasion de méditer. Lorsque vous faites la vaisselle, lorsque vous marchez… concentrez-vous sur vos seuls mouvements et ne pensez à rien d'autre.
- ✓ **Usez et abusez des pense-bêtes !** Post-it collés au mur, sur le frigo ou sur l'écran de votre ordinateur… Utilisez les e-mails de rappel automatique et tout ce qui vous permet de vous concentrer sur le moment présent.

- ✓ **Intégrez une fois pour toutes que l'échec n'existe pas.** Vous vivrez forcément des moments de doutes où vous aurez l'impression d'échouer. C'est tout à fait normal, nous passons tous par là, mais dites-vous bien qu'il est absolument impossible que vous n'y arriviez pas. Pratiquez et pratiquez encore. Avec le temps, si vous vous entraînez régulièrement, vous parviendrez à mieux vous concentrer sur le moment présent. Et n'oubliez pas : toute réussite mérite d'être fêtée, les petites comme les grandes !
- ✓ **Entraînez-vous encore et encore.** Quand vous vous sentez perdu et que vous vous demandez ce que vous devez faire, la réponse doit être : continuez de vous entraîner.

Chapitre 5

Changez vos habitudes

Changer ses habitudes, est la clé pour améliorer votre vie de manière durable. Tous les chapitres de ce livre vous conseillent de modifier certaines de vos habitudes. Mais si vous essayez de toutes les changer d'un coup, vous êtes sûr de courir à la catastrophe. Ce sera trop lourd à gérer, vous serez débordé, vous vous éparpillerez et ne serez pas suffisamment concentré pour tenir jusqu'au bout. Et finalement, tous les efforts entrepris auront été vains.

Principe n° 5 : Mettre en place des automatismes – changer ses habitudes pour des progrès durables

Le meilleur moyen de tenir de nouvelles habitudes sur le long terme est de mettre en pratique le concept de *L'art d'aller à l'essentiel.* Pendant un mois, concentrez-vous sur une seule habitude à la fois : la perte de l'ancienne et l'acquisition de la nouvelle. Le concept d'aller à l'essentiel est un outil extrêmement puissant dans la mise en place de nouvelles habitudes. Des milliers de lecteurs de mon blog le prouvent. Vous aussi, relevez le défi en 30 jours.

Voici comment procéder :

1. **Choisissez l'habitude à changer.** Une seule habitude par mois, n'importe laquelle, celle qui a les chances d'avoir le plus d'impact sur votre vie.
2. **Mettez votre plan d'action par écrit.** Reprécisez votre objectif et intégrez-le à votre emploi du temps : à quel moment de la journée accomplirez-vous cette nouvelle habitude ? Juste après quelle activité ? Je vous conseille d'intégrer cette nouvelle habitude à acquérir juste après une autre déjà acquise depuis longtemps, comme faire du sport après s'être brossé les dents, par exemple.
3. **Prenez votre entourage à témoin.** Clamez à un maximum de personnes de votre entourage que vous essayez de changer telle ou telle habitude. Pourquoi ne pas créer un forum en ligne afin que vos collègues, famille, amis et autres proches fassent passer le message ?

4. **Établissez quotidiennement un bilan de vos progrès.** Chaque jour, dites aux mêmes personnes si vous avez atteint votre objectif ou non.
5. **Fêtez votre changement d'habitude.** Au terme des 30 jours, ce sera devenu un automatisme. Continuez sur votre lancée !

POURQUOI ÇA MARCHE ?

Cette méthode est infaillible pour plusieurs raisons :

- **Engagement.** Le simple fait de relever un tel défi et d'en faire part à votre entourage est déjà un gage de réussite.
- **Responsabilité.** Le bilan que vous ferez au quotidien vous motivera pour rester assidu et pouvoir témoigner de votre réussite. Quelle fierté de pouvoir dire « je l'ai fait » !
- **Encouragements.** Un autre avantage à rendre compte de vos victoires, c'est que votre entourage pourra vous remotiver en cas de défaillance.
- **Motivation.** Si les autres sont capables de le faire, pourquoi pas vous ? Profitez de l'expérience de ceux qui ont réussi avant

vous. Intégrez un groupe. Vous aurez l'embarras du choix sur Internet. Servez-vous de la synergie de groupe pour parvenir à vos fins.

LES RÈGLES

Quelques règles à respecter pour transformer ce défi en succès :

- ✓ **Ne vous préoccupez que d'une habitude à la fois.** Ne dérogez jamais à cette règle ou, croyez-moi, vous aurez beaucoup moins de chances de réussir. De par mon expérience, je peux vous dire que vous n'avez aucune chance de réussir votre changement d'habitude si vous vous escrimez à en modifier plusieurs à la fois, alors que vous avez entre 50 et 80 % de chances d'y arriver si vous ne vous cantonnez qu'à une seule, selon que vous appliquez les règles suivantes ou pas.
- ✓ **Choisissez un objectif à votre portée.** Ne visez pas trop haut au départ. Attendez d'être rodé pour choisir un objectif plus difficile. Pour le moment, cantonnez-vous à une habitude que vous pouvez tenir,

même si cela vous semble trop facile. Par exemple, si vous pensez pouvoir faire du sport 30 minutes chaque jour, faites-en déjà 10. Plus votre objectif sera facile, plus vous aurez de chances de l'atteindre.

✓ **Choisissez un objectif mesurable.** Vous devriez être capable de dire clairement en fin de journée si vous avez réussi votre défi ou non. Pour le sport, fixez-vous une distance ou un temps minimum (20 minutes de sport par jour, par exemple).

✓ **Soyez constant.** Efforcez-vous d'accomplir votre nouvelle habitude tous les jours à la même heure. S'il s'agit de sport, fixez-vous un horaire, comme 7 heures le matin ou 18 heures le soir par exemple. Et tenez-vous-y.

✓ **Faites un bilan quotidien.** Vous pourriez faire le point tous les deux ou trois jours, mais vous avez plus de chances de réussir si vous faites un bilan à la fin de chaque journée, croyez-en mon expérience.

✓ **Gardez une attitude positive.** Attendez-vous à connaître quelques échecs de temps à autre, mais n'en faites pas grand cas. Prenez-les simplement en considération et continuez sur votre lancée.

12 HABITUDES CLÉS POUR COMMENCER

Vous pouvez opter pour n'importe quelle habitude dans n'importe quel domaine. En voici douze essentielles (chacune de ces habitudes sera développée dans les prochains chapitres) :

1. Chaque matin, fixez vos trois tâches les plus importantes du jour.
2. Ne faites qu'une chose à la fois. Ne passez pas à la suivante tant que vous n'avez pas terminé la première.
3. Videz votre messagerie.
4. Ne relevez vos e-mails que deux fois par jour.
5. Faites du sport 5 à 10 minutes par jour.
6. Travaillez tous téléphones éteints pour éviter toute perturbation.
7. Suivez un rituel matinal.
8. Mangez davantage de fruits et légumes par jour.
9. Gardez un bureau toujours impeccable.
10. Refusez tout engagement ou requête ne figurant pas sur votre top liste (voir le chapitre 13 : « Simplifiez vos obligations », p. 163).
11. Rangez votre maison 15 minutes par jour.
12. Limitez-vous à cinq phrases de réponse par e-mail.

Chapitre 6

Commencez petit

Si vous respectez les cinq premiers principes de ce livre, bravo, vous êtes déjà sur la bonne voie. Le principe n° 6 : Commencer petit, est seulement un moyen de mettre encore plus de chances de votre côté pour les autres changements.

Principe n° 6 : Commencer petit pour un succès garanti

Qu'il s'agisse de commencer une nouvelle méthode pour être plus efficace ou un nouveau programme d'entraînement, l'idée de réaliser des changements dans notre vie nous enthousiasme toujours tellement au début que nous attaquons avec de trop grandes ambitions. Le problème, c'est que cet enthousiasme retombe souvent comme un soufflé après une semaine ou deux, et nous finissons par relâcher tous nos efforts avant d'avoir atteint notre objectif. C'est ce qui arrive souvent avec les résolutions que l'on prend au Nouvel An : on démarre sur les chapeaux de roues, mais l'enthousiasme du début s'étiole, et dès la fin du mois de janvier les belles résolutions se sont envolées.

La solution réside dans le principe n° 6 : Commencer petit. Pour éviter de perdre toute votre belle motivation initiale, respectez cette règle avec tout objectif et tout changement d'habitude dans votre vie. Ce principe m'a été confirmé à maintes reprises dans mes changements de vie successifs. Lorsque je commence un programme d'entraînement, je démarre avec le plus facile possible, même si je sais que je peux mieux faire. Lorsque je mets en place une nouvelle habitude, je commence par un tout petit changement, même si je sais que je pourrais faire plus. Lorsque j'ai décidé de me lever plus tôt, j'ai commencé en me levant seulement un petit quart d'heure plus tôt.

POURQUOI ÇA FONCTIONNE DE COMMENCER PETIT ?

Les gens font souvent l'impasse sur le principe n° 6 car ils ne mesurent pas l'importance de ce point. Voici quelques-unes des raisons pour lesquelles commencer petit fonctionne si bien :

- ✓ **Vous pouvez mieux vous concentrer.** Nous avons déjà vu, en détaillant le principe n° 4, à quel point la concentration pouvait vous faire gagner en efficacité. Si vous entreprenez un nouveau projet ou un changement d'habitude en essayant d'en faire trop dès le départ, vous dispersez votre concentration et perdez en efficacité. Mais en commençant petit, votre concentration est davantage ciblée, et vous gagnez alors en efficacité.
- ✓ **Vous conservez votre énergie et votre enthousiasme sur la durée.** En commençant par en faire moins que vous ne pouvez en réalité, vous faites le plein d'énergie et d'enthousiasme. Tout comme l'eau qui s'accumule derrière un barrage. Cette énergie et cet enthousiasme décuplés garantissent que vous ne vous essouffliez pas trop tôt, et vous assurent l'endurance nécessaire pour aller jusqu'au bout.
- ✓ **C'est plus facile à gérer.** Plus c'est facile, mieux c'est, surtout au début. Si le changement d'habitude auquel vous vous attelez est trop difficile à tenir, il y a de grandes chances pour que vous couriez à l'échec.

✓ **C'est le succès assuré.** Bien sûr, un petit succès n'est pas aussi gratifiant qu'un grand, mais il n'est petit que sur le court terme. Et de petit succès en petit succès, vous obtenez de grandes victoires. Et ça, c'est incomparablement mieux qu'un échec cuisant.

✓ **Changez progressivement pour des résultats durables.** Pensez aux régimes : lorsque vous suivez un régime draconien qui vous fait perdre 20 kilos en deux mois, vous êtes ravi, mais le plus souvent vous les reprenez aussi vite que vous les avez perdus, avec quelques kilos supplémentaires en prime. Mais si vous maigrissez progressivement (de 500 g à 1 kg par semaine), ces kilos ont beaucoup plus de chances de s'envoler définitivement. De nombreuses études sur la perte de poids l'ont prouvé. Et cela vaut pour tout type de changement. Opérez des changements progressifs, procédez par étapes, et vous aurez plus de chances de vous y tenir que si vous tentez un trop grand changement d'un seul coup.

COMMENT METTRE EN PRATIQUE CE PRINCIPE DE « COMMENCER PETIT » ?

Quand et avec quoi faut-il commencer petit ? Toujours, et avec tout. Tout changement d'habitude, qu'il concerne votre activité physique, votre productivité ou votre vie privée en général. Pour tout objectif, projet ou tâche, commencez petit.

En voici quelques exemples :

- **Sport :** commencez par 5 à 10 minutes chaque jour plutôt que 30.
- **Réveil :** commencez par vous réveiller 15 minutes plus tôt que d'habitude et non une heure ou deux.
- **Productivité :** commencez par essayer de vous concentrer sur la tâche du moment pendant 5 à 10 minutes à chaque fois.
- **E-mails :** limitez-vous à ne relever vos e-mails qu'un nombre restreint de fois dans la journée.
- **Alimentation :** commencez par opérer un ou deux légers changements dans votre alimentation plutôt que de transformer radicalement tout votre régime alimentaire.

- **Projets de grande ampleur :** commencez par une toute petite tâche du projet plutôt que d'essayer de tout gérer d'un coup. Puis passez à la deuxième petite tâche, etc.
- **Tri :** commencez par un tiroir plutôt que d'essayer de trier votre bureau ou la maison entière d'un seul coup.

2

L'ART D'ALLER À L'ESSENTIEL : ACTION

Chapitre 7

Choisissez des objectifs à votre portée

Lorsque je me fixe de nouveaux objectifs, je suis aussi ambitieux que n'importe qui. Je cumule souvent plusieurs objectifs professionnels et personnels, comme apprendre une nouvelle langue ou courir un marathon. Et même si je suis toujours très enthousiaste à l'idée de me lancer de nouveaux défis, la liste de mes objectifs s'allonge plus vite que ne progresse aucun de ces objectifs. S'il est facile de se fixer des objectifs, il est extrêmement difficile de les atteindre, surtout s'ils en valent vraiment la peine. Atteindre un objectif requiert énergie, concentration et motivation, trois qualités qui se trouvent en quantité limitée chez chacun d'entre nous. S'attaquer à plusieurs objectifs d'un coup disperse ces trois vertus, si bien que vous vous essoufflez rapidement après les premières semaines d'enthousiasme.

Ces mêmes objectifs stagnent sur votre liste et vous culpabilisez de n'en atteindre aucun.

Le concept de *L'art d'aller à l'essentiel* est la voie royale pour parvenir à vos fins : limitez-vous à quelques objectifs et vous réussirez davantage. Nous allons voir comment focaliser votre concentration sur vos projets pour progresser plus rapidement et les faire aboutir plus efficacement.

LE SYSTÈME DE L'OBJECTIF UNIQUE

Le système de l'objectif unique est très simple : pour être plus efficace, concentrez-vous sur un seul objectif à la fois. Subdivisez cet objectif en étapes successives, et concentrez-vous sur un seul des sous-objectifs à la fois.

- ✓ **Choisissez votre objectif unique.** Faites la liste des choses que vous souhaiteriez accomplir au cours des prochaines années. Cette liste peut comporter entre 10 et 20 points. Vous serez tenté de vous attaquer à tous ces objectifs en même temps, ou du moins au plus possible, mais cela diluerait votre efficacité. Choisissez plutôt un seul objectif, et focalisez toute votre attention dessus jusqu'à ce que vous puissiez le rayer de la liste. Je vous recommande de choisir un objectif qui vous tient particulièrement à cœur, car plus vous serez motivé, moins vous serez enclin à le lâcher en cours de route. Il ne suffit pas de dire : « Ce serait bien si j'arrivais à… » Il faut le désirer suffisamment fort pour en faire votre priorité n° 1 pour les mois à venir.

Je vous conseille également de choisir un objectif dont la réalisation vous prendra six à douze mois. Au-delà d'un an, vous risqueriez de vous déconcentrer et de vous retrouver débordé. En deçà de six mois, l'objectif serait trop facile à atteindre. Si l'objectif que vous visez nécessite plus de deux ans pour sa réalisation, subdivisez-le en sous-objectifs de manière à ce que le premier sous-objectif prenne environ un an. Par exemple, si vous voulez devenir avocat, il faut d'abord que vous ayez fait cinq années de droit, puis que vous prépariez l'examen du barreau pendant 18 mois. Dans ce cas, votre premier objectif est d'arriver au terme de vos années de faculté, ce qui prend au moins cinq ans.

✓ **Subdivisez-le en sous-objectifs intermédiaires.** Une fois votre objectif unique déterminé, la prochaine étape consiste à vous concentrer sur un sous-objectif plus petit réalisable en un ou deux mois. Dans l'exemple ci-dessus, votre sous-objectif pourrait être de faire une recherche sur la spécialité qui pourrait vous intéresser, de choisir les lieux où elle est enseignée, et de rassembler un maximum d'informations sur chacun. Pour faire court, vous pourriez intituler ce sous-objectif « faire une recherche sur ma future spécialité ». Dégager des sous-objectifs permet de créer des étapes qui soient plus rapidement atteignables qu'un objectif de plus grande envergure étalé sur l'année entière. Si vous ne subdivisez pas votre objectif en différentes étapes successives, vous risquez de vous sentir dépassé par l'ampleur de la tâche. Et vous ne serez inscrit pour aucune spécialité si vous restez assis à vous tourner les pouces. C'est tout simplement impossible. Il faut donc subdiviser votre projet en sous-objectifs plus faciles à réaliser.

✓ **Un objectif par semaine.** Chaque semaine, fixez-vous un objectif à atteindre pour vous rapprocher de votre sous-objectif. Dans notre exemple, l'objectif de la semaine pourrait être de faire une recherche sur toutes les écoles qui enseignent votre future spécialité, trouver leur site Internet, et commencer à vous informer à leur sujet.

✓ **Un objectif par jour.** Chaque jour, choisissez une action qui vous rapprochera de votre objectif de la semaine. Faites de cette action votre tâche la plus importante du jour. Faites-la en premier, avant toutes les autres. Cela vous aidera à rester concentré sur votre objectif unique plutôt que de le repousser continuellement lorsque d'autres obligations plus urgentes se présentent.

Au premier abord, cette méthode peut paraître un peu compliquée mais, dans la pratique, c'est tout simple : fixez-vous d'abord un objectif à atteindre dans l'année (vous pouvez le fixer à n'importe quel moment, pas besoin d'attendre le 1er janvier !). Puis déterminez un sous-objectif à accomplir en un ou deux mois que vous scinderez en sous-objectifs à réaliser chaque semaine. Enfin, planifiez une tâche par jour qui fera avancer l'objectif de la semaine, et faites-en votre priorité du jour. Grâce à ce système, vous resterez concentré sur votre objectif final et le ferez progresser chaque jour. Ainsi, au lieu de vous disperser, vous concentrerez toute votre énergie sur ce projet.

SIMPLIFIEZ VOTRE LISTE DE PROJETS

Si vous ne l'avez pas encore fait, je vous suggère d'élaborer maintenant la liste de vos projets en deux temps, trois mouvements. Listez tous les projets que vous aimeriez concrétiser. Intégrez à votre liste tout projet de tout domaine (privé, professionnel, civique, d'aménagement intérieur, etc.), qu'il prenne une journée ou une heure à réaliser, vous les diviserez de toute façon en plusieurs étapes.

Combien de points figurent sur cette liste ? Laissez-moi deviner. Vous en avez sûrement une dizaine ou une vingtaine. Si vous êtes très affairé, il se peut même que vous en ayez plus. Ce qui ne présage rien de bon. Vous savez bien à présent qu'avoir trop de projets à la fois rend inefficace.

Maintenant, je vais vous demander de faire quelque chose de difficile pour certains d'entre vous : sélectionnez les trois projets les plus importants de cette liste. Peu importe le domaine, choisissez simplement les trois fondamentaux. Nous appellerons cette liste simplifiée la « top liste ». Tout le reste ira sur une deuxième liste que nous appellerons « liste secondaire ». Ne vous en préoccupez pas pour le moment. Laissez-la en suspens le temps de réaliser les trois projets de votre liste prioritaire, ou « top liste ».

Attention, ne passez en aucun cas de votre top liste à votre liste secondaire avant d'avoir accompli les trois projets de votre top liste. Pas un, mais les trois projets. Pourquoi ? Pour être sûr que vous ne laissiez pas tomber en cours de route l'un des trois projets les plus importants inachevé tout en continuant à en intégrer de nouveaux sur votre liste active. Pour garantir que vous restiez concentré jusqu'au bout sur la réalisation des trois projets principaux et pas seulement un ou deux.

Les trois projets qui figurent sur votre top liste capteront ainsi toute votre concentration jusqu'à leur aboutissement, puis ce sera au tour des trois prochains de passer sur la liste active et de retenir toute votre attention. Cela vous évitera de vous disperser et vous permettra d'aller au bout de vos ambitions.

Il faut toujours qu'au moins un des trois projets de votre top liste ait un lien avec votre objectif final pour le faire progresser continuellement. Pour les deux autres projets de votre « top liste », optez pour vos priorités du moment et choisissez un objectif professionnel et un objectif personnel, par exemple.

Vous vous demandez sûrement pourquoi ne pas se contenter d'un seul projet. Si se restreindre à trois projets rend plus efficace, ne serait-on pas encore plus efficace en se limitant à un seul projet à la fois ? Vous avez raison de vous poser la question, surtout que je recommande de n'avoir qu'un seul objectif principal. Cependant, dans la réalité, rares sont les projets que l'on peut mener de bout en bout sans être en attente, à un moment ou à un autre, de directives, d'informations complémentaires, d'un coup de fil ou de l'intervention de tierces personnes. Évidemment, l'idéal serait de pouvoir mener votre projet à terme avant de passer à un autre, et de ne pas entamer le prochain tant que le premier n'a pas abouti. Malheureusement, c'est rarement le cas. Il nous faut attendre que toutes les conditions soient réunies pour passer à l'étape suivante. Ainsi, si la règle d'or pour être plus efficace préconise de ne faire qu'une chose à la fois, rien n'empêche de mener plusieurs projets de front, au contraire. Il faut donc avoir plusieurs projets à la fois mais ne traiter que tâche après tâche. Ainsi, tandis qu'un projet est en suspens pour l'heure, la journée ou trois jours, vous pouvez tout de même avancer sur un autre. L'expérience m'a démontré que l'idéal était d'avoir trois projets à la fois. Au-delà, vous commencez à perdre en efficacité.

Pour que cette méthode fonctionne, le projet ne doit pas prendre plus d'un mois, l'idéal étant une semaine ou deux. Si le projet s'étend sur un an, vous ne pourrez pas travailler sur d'autres objectifs pendant toute une année. C'est trop long pour laisser le reste de votre vie en suspens. La solution ? Subdivisez les projets sur le long terme en étapes d'un mois maximum. Si vous voulez lancer un nouveau magazine, par exemple, concentrez-vous d'abord sur l'élaboration du plan, puis sur la formation de l'équipe, puis sur la recherche d'un soutien financier, etc. Procédez par étapes.

NE PERDEZ JAMAIS VOTRE OBJECTIF DE VUE

Dans les méandres de la gestion de projet, il est facile de se noyer dans les détails et de perdre de vue l'essentiel. Pour organiser un projet, établir une liste de choses à faire avec leur délai, répartir les tâches aux différents membres de l'équipe, passer des coups de fil, envoyer des e-mails, et « clavarder » en messagerie instantanée pour parler de ce projet, vous êtes très fort ! Mais le véritable objectif sur lequel toute votre concentration doit se focaliser, c'est de mener le projet à son terme. Alors faites-le progresser un petit peu chaque jour. Concentrez-vous, évitez les perturbations, et mettez toute votre énergie dans sa réalisation. Vous pouvez passer à l'un de vos deux autres projets principaux si nécessaire, mais concentrez-vous toujours sur un seul projet à la fois. Et faites-le progresser petit à petit, jusqu'à ce que vous en ayez totalement terminé avec lui.

Voici quelques trucs et astuces supplémentaires pour vous aider à aller au bout de vos projets :

✓ **Visualisez le résultat.** À vous de définir clairement le résultat que vous visez. Imaginez le projet une fois abouti. Décrivez-le en une phrase ou deux à côté de son titre sur votre « top liste ». Voilà votre nouveau cheval de bataille.

- ✓ **Passez de l'idée à l'action.** On n'« accomplit » pas de projets. On « accomplit » des tâches. Pour chaque projet, l'une des premières étapes, après avoir clairement inscrit le résultat visé, c'est de dresser une liste des tâches requises pour obtenir le résultat escompté. Puis prenez cette liste, choisissez la toute première tâche, et concentrez-vous entièrement dessus. Une fois terminée, concentrez-vous sur la deuxième tâche. Et ainsi de suite. Une tâche à la fois.
- ✓ **Chaque jour, choisissez une tâche qui fasse avancer votre objectif final.** Le matin, en démarrant la journée, choisissez les trois tâches les plus importantes (aussi connues sous le nom de TLPI – vous en saurez plus en lisant les prochains chapitres) à effectuer dans la journée. Quoi que vous accomplissiez d'autre, vous pourrez être satisfait de votre journée. Au moins une des trois TLPI doit avoir un lien avec l'un de vos projets, et si possible les trois avec vos trois projets. En suivant cette méthode, vous

vous rapprochez chaque jour un peu plus de la réussite.

✓ **Faites un bilan régulier de vos progrès.** À se focaliser sur l'organisation, la communication, les aspects techniques ou relationnels, il est facile de se perdre dans le dédale d'un projet. Pour rester sur la bonne voie, une fois par semaine, voyez où vous en êtes et évaluez ce qu'il reste à faire. Si vous perdez du temps sur quelque chose qui vous freine, changez de direction, et cap sur l'essentiel !

JE NE SUIS PAS MAÎTRE DE MA LISTE DE PROJETS. QUE FAIRE ?

Maîtriser pleinement sa liste de projets et décider sur lesquels travailler est un réel atout. Malheureusement, nous n'avons pas tous cette chance. Je connais les frustrations de bosser pour un patron qui fait sa loi et régente tout ce sur quoi vous êtes supposé travailler. Ces patrons-là sont généralement de grands perfectionnistes qui veulent tout contrôler et ne savent pas déléguer. Cette manière de gérer leurs projets est peut-être efficace pour eux, mais pas forcément idéale pour vous. Vous limiter à trois projets principaux afin d'accroître votre efficacité ne dépend donc pas toujours de vous. Il faut toujours que votre patron vous en rajoute de nouveaux, plus urgents les uns que les autres. Fort heureusement, même dans ce cas, des stratégies existent pour limiter le nombre de projets sur lesquels vous allez transpirer. Elles ne vont pas forcément toutes fonctionner dans votre cas, alors essayez celle qui vous paraît la plus adaptée.

1. **Faites tout de même votre propre liste de projets.** Parfois il vaut mieux demander le pardon que la permission ! Faites ce que vous pensez être le mieux et tenez-en informé votre patron, plus tard, une fois la mission accomplie. Vous pouvez adopter cette stratégie si votre patron n'est pas trop inquisiteur et ne demande pas où vous en êtes toutes les 30 secondes. Essayez-la lorsque vous faites cavalier seul pendant quelques jours. Il suffit de choisir vos trois projets principaux et de vous concentrer exclusivement dessus. Une fois bouclés, vous pourrez présenter votre système à votre patron comme garant de votre succès. Ou ne le mentionnez pas, mais continuez à l'appliquer. Votre patron

se moque d'ailleurs sûrement de la manière dont vous procédez. Ce qui lui importe, c'est le résultat.

2. **Exigez des délais plus longs.** Si votre patron insiste pour que vous travailliez sur plus de trois projets à la fois et s'enquiert sans arrêt de l'avancée des travaux, vous devriez vous en sortir en jouant sur les délais : continuez à vous concentrer sur vos trois objectifs pour essayer de les mener à bien le plus vite possible, et ne passez aux nouveaux projets imposés qu'après avoir terminé les premiers. Réclamez des délais plus longs, et intégrez d'autres personnes au projet pour gagner encore un jour ou deux. Ou dites simplement la vérité : avouez en toute sincérité que vous n'avez pas avancé sur son projet aujourd'hui car vous travailliez sur d'autres choses. C'est vous qui connaissez l'animal. À vous de voir si vous pouvez le lui dire ou non. En tout cas, négociez les délais.
3. **Parlez à votre patron de votre système.** À mon avis, c'est la meilleure stratégie de cette liste. Si vous pouvez vous le permettre, c'est tout bénéfice : asseyez-vous confortablement avec votre chef et parlez-lui de votre liste simplifiée des projets grâce à

laquelle vous serez plus efficace et mènerez d'autant mieux les objectifs à leur terme.

4. **Demandez à votre patron de choisir entre ce système et le sien.** Si aucune des stratégies susmentionnées ne fonctionne et que votre patron insiste pour vous rajouter des projets à la pelle, armez-vous de courage et affrontez-le. Dites la stricte vérité : votre temps est limité et vous ne pouvez pas tout faire en même temps. Montrez-lui les projets qu'il vous a confiés ainsi que votre propre liste de tâches à effectuer, et expliquez-lui que vous ne pouvez travailler que sur trois projets simultanément. Laissez-le choisir les trois plus urgents, et attelez-vous-y. Lorsque vous en aurez terminé, laissez-le choisir les trois prochains, et ainsi de suite. S'il ne conçoit pas que votre temps soit limité et que vous ne pouvez pas travailler sur autant de projets à la fois, envisagez la possibilité de changer de travail, car votre patron vous en demande trop.

Chapitre 8

Simplifiez-vous la tâche

Maintenant que vous avez intégré l'intérêt d'aller à l'essentiel en simplifiant vos objectifs et vos projets, il ne vous reste plus qu'à simplifier les tâches nécessaires à leur réalisation. C'est l'étape la plus importante puisque la plus pratique, étant donné que rien ne peut se faire sans ces tâches. Ce sont donc elles qui vous permettront de réaliser tous vos projets. Dans ce chapitre encore, nous essaierons d'en faire moins mais mieux pour en faire au bout du compte plus, sans stress. Continuez à vous fixer des limites et à vous concentrer sur une seule tâche à la fois.

LIMITEZ-VOUS AUX TÂCHES LES PLUS IMPORTANTES

Pour limiter le nombre de tâches à effectuer dans la journée, choisissez chaque jour de n'exécuter que les trois tâches les plus importantes de votre liste. Pour savoir lesquelles sélectionner, c'est très simple : les tâches les plus importantes sont celles que vous avez le plus besoin ou envie d'accomplir dans la journée. Vous pouvez choisir d'en faire plus, mais je vous conseille de commencer déjà avec trois, car au moins ces trois-là seront sûres d'être faites. Accomplissez-les en premier, dès le réveil, vous en serez débarrassé.

Qu'en est-il des obligations quotidiennes ? Certes, elles sont de moindre importance que vos objectifs personnels, mais il ne faut pas les négliger pour autant : e-mails, coups de fil, courrier, papiers, courses, rendez-vous, recherches sur Internet sont aussi à intégrer à votre planning, mais seulement après vos trois tâches les plus importantes du jour. N'en faites pas votre priorité, sinon le travail important risque de ne pas être fait. Ce n'est qu'une fois vos TLPI (tâches les plus importantes) accomplies que vous vous occuperez des tâches subalternes toutes ensemble (ce que j'appellerai « les tâches à faire par lots » dans le prochain chapitre).

Un petit truc pour sélectionner vos TLPI : au moins l'une d'elles doit avoir un rapport avec l'un de vos trois projets. Si deux de vos TLPI sont d'ordre professionnel, la troisième doit impérativement avoir un lien avec votre objectif personnel pour garantir que vous vous en rapprochiez chaque jour un peu plus. Ça change tout de savoir que chaque jour vous rapproche de votre rêve. Cette tâche en question doit même faire partie de votre rituel matinal : vous l'accomplirez ainsi de manière automatique, chaque jour à la même heure, sans vous poser de questions.

Une autre astuce : faites vos TLPI en premier le matin, soit à la maison, soit dès que vous arrivez au travail. Si vous les remettez à plus tard, vous risquez d'être pris dans le tourbillon de la journée et de ne plus avoir le temps de les faire. Débarrassez-vous-en dès le matin pour laisser place au reste. C'est une toute petite chose à mettre en place, mais qui constitue une révélation de taille pour la plupart d'entre nous. Comme quoi, ce sont parfois les petites choses qui font les grandes différences.

Les six clés de la réussite des TLPI :

1. C'est la première chose que vous devez faire le matin.
2. Limitez-vous à trois TLPI par jour.
3. Assurez-vous que l'une des TLPI ait un lien direct avec l'un de vos trois objectifs principaux.
4. Ne passez à d'autres tâches qu'une fois les trois premières terminées.
5. Accomplissez-les tôt le matin, avant de faire quoi que ce soit d'autre.
6. Lorsque vous accomplissez l'une de vos TLPI, concentrez-vous exclusivement sur cette tâche et sur aucune autre (voir le principe n° 4).

DÉCOMPOSEZ LES GRANDES TÂCHES EN PETITES

Pour se simplifier les tâches, il faut en réduire le nombre, mais aussi la taille, car si elles sont trop importantes, vous risquez de vous sentir dépassé et de ne pas pouvoir les mener à leur terme. Limiter le nombre de vos tâches ne résout donc rien si elles sont de trop grande ampleur. Il faut alors les décomposer en plusieurs sous-tâches à accomplir en moins d'une heure (l'idéal se situant entre 10 et 20 minutes). Plus elles sont petites mieux c'est, car vous serez ainsi certain de les mener à bien.

Une tâche trop ambitieuse peut en devenir paralysante. Et au lieu d'y faire face, vous ferez tout et n'importe quoi pour l'éviter : relever vos e-mails, vérifier votre compte en banque (« suis-je toujours dans le rouge ? »), vous rendre sur un forum ou un site que vous aimez particulièrement, ou encore appeler un ami ou collègue. Et pendant ce temps-là, vous n'avancez pas sur les tâches importantes du jour.

Pour éviter de toujours remettre à plus tard ce que vous devez faire aujourd'hui (ce qui freine la progression), morcelez vos obligations de manière à les rendre plus petites, donc plus facilement réalisables. Préférez les « Tours d'horizon », « Points clés » ou « Synopsis » qui sont beaucoup moins intimidants, donc beaucoup plus rapides à réaliser. Il suffit de vous y mettre pour qu'elles soient déjà terminées 10 à 20 minutes plus tard. À chaque fois que vous êtes tenté de remettre une tâche importante à plus tard, voyez si vous ne pouvez pas la morceler en différentes étapes plus petites. Puis démarrez. Ne remettez pas à plus tard, commencez tout de suite. Une fois sur votre lancée et la barrière de résistance initiale dépassée, vous serez heureux d'avancer et bien plus disposé à enchaîner sur la prochaine petite tâche, puis encore la prochaine et ainsi de suite jusqu'à ce que la tâche entière soit terminée. Préférez toujours les petites tâches aux grandes.

Chapitre 9

Simplifiez la gestion de votre temps

Dans la vie, il y a les archi-organisés qui arrivent à tout prévoir à la minute près et suivent leur planning à la lettre, et il y a les autres (dont nous !) qui essaient de se constituer un semblant d'emploi du temps, mais dont les journées sont très loin de ce qui était prévu... Évidemment, me direz-vous, les choses bougent très vite et il faut nous adapter. En effet, gérer son temps ne doit pas être un processus trop strict ou dévoreur de temps. La gestion du temps doit rester simple. Soyez flexible et évitez les emplois du temps trop compliqués.

L'AGENDA : SOYEZ SOUPLE DANS LA GESTION DE VOTRE PLANNING

À ceux qui se noient dans leur emploi du temps et souhaitent adopter une approche plus souple de leur planning, je conseille la gestion du temps minimaliste. Plutôt que de laisser votre agenda diriger votre vie, laissez votre vie être dirigée par l'instant. Comment ? D'abord, ne prévoyez aucun rendez-vous. Cela va sembler radical à beaucoup d'entre vous, mais cette idée ne date pas d'hier et a déjà fait ses preuves maintes et maintes fois. Si l'on vous sollicite pour des rendez-vous, dites que vous n'en prenez pas. Demandez plutôt de vous appeler quelques jours avant la date souhaitée pour voir si vous êtes libre. Je vous conseille vivement de mettre la pédale douce sur les rendez-vous si vous voulez améliorer votre efficacité. Notez évidemment dans votre agenda tout ce que vous souhaitez y voir apparaître, mais ne vous croyez pas obligé de vous y tenir mordicus (j'utilise pour ma part l'agenda de Google, accessible de n'importe où). N'oubliez pas : un agenda n'est là que pour vous présenter les différentes options, non pour vous les imposer. Il ne doit surtout pas régenter votre vie. Ne le surchargez pas non plus.

Mais comment faire sans emploi du temps ? Déterminez vos priorités et décidez, en fonction, de ce que vous allez faire tâche après tâche, en tenant compte du temps et de l'énergie dont vous disposez.

Apprenez à vous ancrer dans le présent, à vous concentrer sur une seule tâche à la fois au point de vous y plonger entièrement. Si vous n'êtes pas fan d'une activité, accordez-vous le droit de changer pour une autre que vous appréciez davantage. Plus la tâche ou le projet vous intéressera, plus vous y mettrez d'énergie et meilleurs seront les résultats. S'immerger entièrement dans une tâche est un phénomène appelé *flow*. Cet état de *flow* a reçu toute l'attention des médias ces derniers temps, autant dans le monde scientifique que dans le monde du travail, car on a découvert qu'il rendait plus productif et plus heureux. En gros, le *flow* est un état d'esprit qui survient lorsque vous vous concentrez sur une tâche au point que tout disparaît autour de vous. Vous en perdez la notion du temps. Cela nous arrive à tous de temps en temps, le « truc », c'est d'apprendre à se mettre dans cet état intentionnellement.

Comment vous mettre dans cet état de *flow* :

- ✓ **Choisissez une tâche que vous appréciez.** Si elle ne vous stimule pas plus que ça, vous n'atteindrez pas le *flow*.
- ✓ **Choisissez une tâche difficile.** Pas trop toutefois, sinon vous risqueriez de perdre du temps à rentrer dedans. Pas trop facile non plus, ou vous vous ennuieriez.
- ✓ **Évitez toute distraction.** Moins vous penserez à d'autres choses, mieux ce sera. Concentrez-vous exclusivement sur la tâche en question. Débarrassez-vous des sources de distraction comme le téléphone, les alertes de mails et de messages instantanés, et tout le bazar qui trône sur votre bureau ou votre écran d'ordinateur.
- ✓ **Plongez-vous dans la tâche en question.** Lancez-vous et focalisez toute votre attention sur celle-ci. Oubliez tout le reste, laissez le reste du monde faire ce qu'il a à faire. Réjouissez-vous de ce que vous êtes en train d'exécuter et amusez-vous. Attention : vous risquez de perdre la notion du temps et d'être en retard à votre prochain rendez-vous. C'est pourquoi il est dangereux de prévoir trop de rendez-vous dans une même journée.

VOS 3 PRIORITÉS DU JOUR

Pour savoir à tout moment ce que vous devez faire dès que vous avez un trou dans votre emploi du temps, la réponse est simple : VOS PRIORITÉS. Revoyez au besoin le précédent chapitre sur les tâches les plus importantes (TLPI). Pour résumer, c'est la première chose à faire le matin : décider de ce que vous voulez accomplir dans la journée. Faites la liste des trois choses que vous souhaitez le plus réaliser dans la journée. Les trois primordiales. Sur une autre liste, regroupez les autres obligations du jour que vous ferez d'un bloc plus tard dans la journée. L'ordre du jour, c'est la liste des trois choses les plus importantes. C'est cette liste et non votre agenda qui doit dicter votre journée.

Une fois vos priorités déterminées, il s'agit maintenant de trouver la concentration. Pour y parvenir, mobilisez toute votre attention sur une seule chose à la fois. Pour arriver à bout de vos trois priorités du jour, focalisez-vous sur chacune de ces tâches l'une après l'autre en essayant de ne pas relever la tête de votre ouvrage avant de l'avoir entièrement terminé. Radical pour tous ceux qui ne savent pas se fixer sur une seule chose à la fois. Faire les choses les unes après les autres rend non seulement plus productif, mais aussi moins stressé.

Ne faire qu'une chose à la fois sera une habitude difficile à prendre au début, surtout si vous avez tendance à toujours en faire trente-six à la fois. Mais c'est une technique à acquérir : essayez simplement de vous recentrer sur votre tâche dès que vous sentez votre concentration se relâcher. Appliquez cette méthode à chaque fois que votre esprit s'évade de la tâche en cours. Persévérez et vous vous débarrasserez bientôt de vos tâches les plus importantes le plus simplement du monde. Une fois à votre affaire, vous risquez de penser à toutes les autres choses que vous devez faire, d'être interrompu par la sollicitation d'un collègue, ou bien par une idée venue de nulle part qui jaillit subitement. Ne laissez pas ces pensées et requêtes perturbatrices détourner votre attention. Notez-les comme elles vous viennent, vous y reviendrez plus tard. Ayez toujours sur vous un petit bloc-notes, un carnet ou un fichier ouvert sur votre ordinateur à cet effet, et retournez sans plus tarder à la tâche en cours. Lorsque vous en aurez fini avec celle-ci, vous regarderez sur votre liste ce que vous devrez faire ensuite. Chaque chose en son temps, une chose à la fois.

FAITES-EN MOINS

Moins vous aurez de tâches à effectuer, plus elles seront faciles à organiser. Être plus productif en en faisant moins ? C'est possible si vous vous concentrez exclusivement sur les tâches ayant le meilleur retour par rapport au temps investi. En vous simplifiant la vie d'une manière générale (aidez-vous des systèmes et des outils les plus simples), vous éviterez une bonne dose de stress au passage. Si ce n'est pas de la combinaison gagnante, ça !

Avec la gestion des tâches, comme avec tout autre type d'organisation d'ailleurs, je pense qu'il est nécessaire d'élaguer avant d'organiser. Si vous n'avez que trois choses à organiser et non 20, cela passe encore. Mais une gestion efficace de votre temps implique de réduire le nombre de vos obligations. À vous de voir si vous souhaitez les éliminer, les déléguer, les remettre à plus tard ou vous désengager. Cherchez toujours à vous simplifier la vie.

Triez, réduisez, éliminez pour retourner à l'essentiel. Ne vous laissez pas détourner de l'important. Si vous suivez ce principe, tout le reste coulera de source.

REGROUPEZ LES TÂCHES À FAIRE « PAR LOTS »

Malheureusement, il n'y a pas que vos trois priorités du jour dans la vie. Chaque nouvelle journée entraîne son lot d'obligations de moindre importance, certes, mais qui n'en restent pas moins à accomplir. Deux règles d'or : 1) Ne laissez pas ces petites « corvées » prendre le pas sur les plus importantes ; et 2) Pour gagner du temps, accomplissez-les toutes dans la foulée, dès que vous le pouvez. Les programmeurs informatiques appellent cette astuce la technique du *batching* (traduisez « par lots »). Regroupez-les par « familles » et faites-les toutes d'un coup. Vous gagnerez ainsi le temps que vous auriez perdu à jongler entre tout ce que vous avez à faire, d'important ou non. Au lieu de passer des tâches importantes aux coups de fil, aux e-mails, aux rendez-vous, aux projets, pour repasser de nouveau aux coups de fil, etc., occupez-vous d'abord de toutes les tâches importantes, puis donnez tous vos coups de fil d'un coup, traitez tous vos e-mails d'un coup, etc. En ne passant pas constamment d'une activité à l'autre, vous perdez moins de temps, évitez beaucoup de problèmes et facilitez par la même occasion la gestion de votre temps. Inscrivez ces obligations à faire « par lots » sur une deuxième liste, juste en dessous de vos trois TLPI. Regroupez-les par catégories : « coups de fil », « e-mails », etc., et attendez la fin de la journée pour les exécuter. Consacrez vos matinées aux tâches importantes, vous en serez débarrassé. Une fois les trois TLPI accomplies, passez à celles à faire « par lots ».

Quelques idées de tâches à faire « par lots » :

- **Les coups de téléphone.** Plutôt que de passer votre journée au téléphone, notez les appels que vous devez donner, et passez-les tous d'un coup. Je prévois une trentaine de minutes par coup de fil, mais vos besoins peuvent varier. Vous pouvez aussi envisager de ne répondre au téléphone que pendant un certain créneau bien déterminé et transférer tous les appels reçus hors de ces horaires sur votre boîte vocale. Cela vous permettra de vous concentrer sur les tâches importantes sans être interrompu pour un oui ou pour un non.

- **Les e-mails.** Question épineuse qui va poser problème à beaucoup d'entre nous. Ne les laissez pas vous envahir et diriger votre vie. Nous nous étendrons sur ce sujet dans le prochain chapitre, mais globalement je vous conseille vivement de relever et traiter vos e-mails à certaines heures prédéterminées de la journée. Par exemple deux fois par jour, à 10 heures et 16 heures. Choisissez les moments les plus adaptés pour vous. Évitez juste de vous en occuper en premier le matin ou vous risqueriez de vous laisser déborder au détriment de vos priorités.
- **Les courses.** Faites toutes vos courses en une fois pour gagner le temps que vous perdez dans les trajets. Prévoyez de les faire plutôt en fin de journée, ou consacrez-y une journée entière, le samedi par exemple.
- **Les papiers.** Je n'ai pas beaucoup de papiers à traiter en ce moment (je deviens un sans-papiers), mais pour de nombreuses entreprises, ce n'est pas du luxe. Si vous avez beaucoup de papiers à traiter, compléter ou vérifier, faites-les tous dans la foulée plutôt que de les laisser traîner.

- **Le courrier.** Comme pour vos e-mails, traitez le courrier et les nouveaux papiers une ou deux fois par jour pour déterminer quelle action requiert chacun des documents. Si vous procédez au fur et à mesure qu'ils tombent dans votre boîte aux lettres, vous en deviendrez vite esclave et ne serez plus maître de votre emploi du temps. Alors prévoyez un moment précis de la journée pour traiter la totalité de votre courrier d'un coup et vider votre boîte aux lettres intégralement.
- **Les rendez-vous.** Peut-être n'avez-vous pas la main sur vos rendez-vous, mais si c'est possible, regroupez-les tous à un certain moment de votre journée, puis définissez un objectif très précis et un temps limité pour chaque entrevue. Regrouper les rendez-vous permet de dégager plus de temps pour les tâches importantes. Évitez, dans la mesure du possible, les rendez-vous avec trop d'interlocuteurs à la fois. Ils sont souvent une perte de temps.
- **Internet.** Si vous êtes comme moi, vous devez avoir des sites favoris que vous consultez régulièrement. Plutôt que d'interrompre vos tâches importantes pour vous rendre sur ces sites en plein milieu

de journée, prévoyez un certain moment dans votre emploi du temps pour tous les visiter d'un coup.

- **Les recherches.** Certaines missions professionnelles requièrent des recherches ou des lectures préalables à la rédaction. Faites toutes vos recherches d'un bloc, si possible.
- **Les petits travaux de maintenance.** Ce sont toutes ces petites tâches insignifiantes mais indispensables, comme mettre à jour son blog, lire les commentaires des lecteurs, encoder un texte au format HTML, etc. À chaque travail sa part de maintenance. Même si elles ne font pas partie de vos TLPI, il est nécessaire de les effectuer quand même. Regroupez-les et faites-les toutes en fin de journée.

QUELQUES ASTUCES POUR GÉRER FACILEMENT VOTRE TEMPS

Pour une gestion simple de votre temps, évitez les outils trop nombreux ou trop complexes. Si vous avez saisi le principe d'une gestion du temps simplifiée comme décrite ci-dessus, vous n'en avez pas besoin de beaucoup. Peut-être deux :

- ✓ **L'agenda.** Plutôt que d'utiliser un énorme agenda de 10 tonnes ou un logiciel informatique sophistiqué, je vous conseille d'aller au plus simple. Si vous avez peu de rendez-vous, vous pouvez même essayer le planning mural : de simples cases où vous pouvez inscrire un ou deux rendez-vous ou événements par journée. Si vous devez noter plus de choses, comme les activités extrascolaires des enfants et les réunions des parents d'élèves, utilisez plutôt un agenda en ligne. Je vous recommande vivement l'agenda Google : il est simple d'utilisation, rapide, pratique et accessible de n'importe quel ordinateur pourvu d'une connexion Internet. En outre, vous pouvez y créer des alertes pour les événements que vous ne voulez surtout pas oublier. En guise d'échéanciers, pensez aux éphémérides.
- ✓ **Le bloc-notes (ou fichier informatique).** Un petit carnet tout simple qui tient dans la poche fera très bien l'affaire. Inscrivez-y tout ce qui vous passe par la tête, vos TLPI (tâches les plus importantes) et tâches à faire « par lots » dans la journée, ainsi que votre objectif unique. Il est beaucoup plus

pratique de regrouper toutes vos notes sur un seul et même carnet que de les disséminer à tout va. Si vous préférez vous servir de l'ordinateur pour y inscrire vos tâches, utilisez un simple fichier texte. C'est ma nouvelle marotte : j'ai un fichier texte avec la liste des choses que je dois faire. Je l'ouvre en un clic dès que je veux y glisser une idée. En haut du fichier figurent mes TLPI de la journée, juste en dessous mes tâches à faire par lots, et encore en dessous, ce sont mes notes ou mes idées telles qu'elles m'arrivent. Je remets ce fichier à jour quotidiennement.

Chapitre 10

Simplifiez-vous l'e-mail

L'e-mail est devenu l'outil de travail de référence des temps modernes. Au point que nous finissons par passer notre vie dans notre boîte de réception. De la communication avec nos proches à la réalisation de projets professionnels, tout se fait par e-mail. Et nous finissons par être débordés par les e-mails, qui nous entraînent loin de nos priorités et menacent d'occuper la majeure partie de nos existences.

Pourtant, il existe une autre manière de vivre que le nez dans votre boîte mail. Réduisez le temps que vous passez sur vos messages, gérez-les plus efficacement en fixant des limites, et régnez en maître sur vos e-mails en maintenant votre boîte de réception toujours vide.

Pour ce faire, il suffit de traiter les courriels aussi rapidement que possible grâce à quelques règles simples et automatismes à acquérir. N'hésitez pas à laisser vos e-mails pour repasser aux tâches importantes (votre objectif unique, par exemple, ou vos trois projets ou tâches les plus importants).

Là encore, appliquez les principes de *L'art d'aller à l'essentiel* : simplifiez, fixez des limites, et vous serez toujours à jour dans vos e-mails.

LIMITEZ LE NOMBRE DE VOS BOÎTES DE RÉCEPTION

De combien de moyens disposez-vous pour transmettre une information ? Beaucoup en utilisent au moins quatre : textos, messages vocaux, fax, courriers, blogs ou commentaires postés sur Internet, messageries diverses et variées (Facebook, AOL, etc.), chacune fonctionnant comme une boîte mail qu'il faut également traiter régulièrement. Si l'on ne peut lutter contre son débit incessant, il n'est cependant pas obligatoire d'en subir la pression constante.

Pour une gestion de l'information plus facile et plus productive, commencez par réduire le nombre de boîtes aux lettres dont vous disposez. Par « boîte aux lettres », j'entends tout endroit d'où vous relevez vos messages ou réceptionnez les informations que l'on vous envoie. Plus vous en avez, plus il est difficile de les gérer. Réduisez drastiquement le nombre de vos boîtes aux lettres sans pour autant affecter votre travail. Voici comment :

1. **Faites une liste des différents moyens par lesquels vous recevez des informations.** Vous en oubliez peut-être quelques-uns, mais dès qu'ils vous reviennent, ajoutez-les. Cette liste doit inclure les informations numériques et analogiques (sur papier et ordinateur).
2. **Évaluez leur utilité.** Passez-les en revue un par un en vous demandant s'ils vous sont vraiment nécessaires. Parfois nous continuons à relever les messages de certaines boîtes aux lettres en sachant pertinemment que cela ne nous apporte rien. Ce ne sont que des e-mails de plus à jeter sitôt lus. Une perte de temps supplémentaire pour rien. Élaguez.

3. **Trouvez des moyens de combiner ou d'éliminer vos différentes boîtes aux lettres.** Supprimez toutes celles qui ne vous sont pas vraiment utiles et voyez si vous pouvez vous en passer une semaine. Quant aux autres, ne peuvent-elles pas être regroupées sous une seule et même messagerie ? Et chez vous, dans combien d'endroits différents rangez-vous les nouveaux papiers ? Centralisez dans une seule et même « boîte aux lettres » tout le courrier, les documents professionnels, les papiers relatifs à la scolarité de vos enfants, les notes que vous prenez au téléphone, les sorties papier, les emplois du temps, etc. Vous avez plus de quatre serveurs de messagerie ? Vérifiez si vous ne pouvez pas réexpédier l'ensemble des e-mails sur un seul et même serveur central. Vous recevez des messages vocaux de différents serveurs ? Essayez de tous les transférer sur un seul et même serveur, ou utilisez-en un en ligne pour les réacheminer vers votre boîte mail. Procédez de même au travail. Ne gardez qu'une boîte pour tous les nouveaux papiers. Vous consultez régulièrement de nombreux blogs ? Rassemblez-les tous dans un lecteur de flux RSS comme FeedReader,

par exemple, plutôt que de devoir relever 25 boîtes différentes. Moins vous aurez de boîtes de réception, mieux ce sera. Contentez-vous de quatre à sept messageries si possible, une seule dans l'idéal.

LIMITEZ LE TEMPS QUE VOUS PASSEZ SUR VOS E-MAILS

Si vous passez vos journées à voguer d'une messagerie à l'autre pour consulter vos e-mails, le reste n'avance pas. Prenez plutôt la décision une fois pour toutes de ne vous en occuper qu'à des moments bien définis et laissez-les tranquilles le reste du temps. Vous pourrez ainsi faire progresser des choses plus importantes.

Décidez à l'avance combien de fois par jour vous relèverez vos mails et à quels moments précis. Quelques astuces :

- **Combien de fois par jour ?** Cela dépend surtout de votre travail. Une seule fois par jour serait l'idéal : vous seriez plus efficace dans votre travail comme dans la gestion de vos e-mails. Cependant, deux fois par jour est peut-être plus réalisable dans votre cas. Si votre travail exige d'accéder à vos e-mails beaucoup plus souvent, commencez déjà par vous limiter à une fois par heure. Si, au contraire, vous faites partie de ces bienheureux qui peuvent se contenter de relever leurs e-mails moins d'une fois par jour, voire tous les deux jours, deux fois par semaine, ou même une seule fois par semaine, profitez de cette aubaine pour vous limiter au strict minimum.

- **À quels moments ?** Si vous relevez vos e-mails deux fois par jour (à 10 heures et à 16 heures, par exemple), organisez-vous de manière à traiter les e-mails les plus urgents le matin et les autres juste avant de partir le soir. Cependant, les besoins diffèrent d'un travail à l'autre. Décidez vous-même, en fonction de vos habitudes de travail, de votre emploi du temps et de vos besoins, des meilleurs moments pour vous. Puis n'en dérogez plus.
- **Ne vous jetez surtout pas sur vos e-mails dès le matin** si vous cherchez à améliorer votre productivité ! Si vous commencez votre journée de travail par le traitement de vos e-mails, vous pouvez être sûr que ce sont eux qui gouverneront le reste de votre journée, au détriment de vos priorités du

jour. Vous risquez de vous laisser piéger et de ne pas pouvoir en sortir. Pour beaucoup, il est difficile de ne pas déroger à cette règle, tellement il s'agit d'une habitude profondément ancrée dans leur quotidien. Il est pourtant nécessaire de combattre cette mauvaise habitude, telle une véritable dépendance. La première étape est une prise de conscience. Prenez une seconde de réflexion avant de les ouvrir. La deuxième étape consiste à respecter vos priorités. Préférez-vous relever vos e-mails ou parvenir à vos objectifs ? Si vous arrivez à vous concentrer sur les projets plus importants et à avancer vers votre objectif final plutôt que de passer votre temps sur vos e-mails, la réussite n'est pas loin.

- **Désactivez vos alertes sonores ou visuelles pour avertir de la réception d'un e-mail,** car cela interrompt ce que vous êtes en train de faire, et vous redevenez tributaire des e-mails au gré de leur arrivée. Laissez-les de côté et n'y revenez qu'à certains moments bien déterminés de la journée. Vous serez beaucoup plus productif de cette manière.
- **Ne relevez vos mails que deux fois par jour.** Plus facile à dire qu'à faire ! Surtout si

vérifier vos e-mails relève chez vous de la≈pure addiction, vous aurez du mal à perdre cette habitude si bien enracinée. Faites-en votre priorité pendant une semaine ou deux. Collez un Post-it sur l'ordinateur avec la mention : « Pas d'e-mails sauf à 10 heures et 16 heures ! » Chaque fois que vous êtes tenté d'aller voir votre messagerie, arrêtez-vous dans votre élan, respirez, et reconcentrez-vous sur votre travail. La récompense ? En faire beaucoup plus.

RÉDUISEZ LE NOMBRE D'E-MAILS REÇUS

L'une des meilleures stratégies avec les e-mails, c'est d'empêcher tous les inutiles d'atterrir dans votre boîte. Qu'ils soient automatiquement redirigés dans les spams, les indésirables, voire directement dans la corbeille ! Ne gardez dans votre boîte que les e-mails essentiels ou vous allez vite vous retrouver débordé.

Les astuces suivantes vous aideront à réduire le nombre d'e-mails que vous recevez.

- ✓ **Les indésirables.** Je vous conseille d'utiliser Gmail comme messagerie, car il a le meilleur filtre antispam possible. Je n'ai jamais aucun spam dans ma boîte. C'est une amélioration considérable par rapport à mes précédents comptes chez Yahoo, Outlook ou Hotmail, pour lesquels je devais laborieusement notifier moi-même des dizaines et des dizaines d'e-mails comme spams.
- ✓ **Les alertes.** Tout comme vous probablement, je reçois régulièrement des alertes émanant de divers services en ligne comme Amazon, Wordpress, Paypal, etc. Dès que j'en vois une apparaître dans ma boîte, je crée un filtre (ou « une règle » si vous utilisez Outlook ou Mail sur Mac) pour envoyer automatiquement ces intrus dans un dossier et les signaler comme lus, ou directement dans la corbeille, ça dépend. Ainsi, je peux à tout moment récupérer mes alertes Paypal dans ce dossier et les rapatrier dans mon dossier « Règlements », sans encombrer ma boîte de réception.
- ✓ **Les tâches à faire « par lots ».** Certains e-mails requièrent une action rapide (de 10 à 15 secondes). Maintenant que je les reconnais au premier coup d'œil, je crée un

filtre qui les expédie dans un dossier « par lots » à traiter une fois par jour. Cela me prend deux secondes de traiter l'intégralité du dossier sans les avoir constamment sous les yeux dans ma boîte de réception.

✓ **Les e-mails humoristiques.** Si certains de vos proches ne peuvent s'empêcher de vous envoyer des blagues débiles à la pelle, faites-leur savoir que vous cherchez à réduire le nombre d'e-mails à traiter et que vous apprécieriez qu'ils pensent à votre travail plutôt que de vous envoyer ce genre de messages. Certains se vexeront. Tant pis. Ils s'en remettront. D'autres continueront à vous en envoyer. Créez alors un filtre spécialement pour eux qui les enverra directement dans la corbeille, voire dans un dossier « À détruire d'urgence ». Ne vous inquiétez pas : si jamais ils vous envoient un e-mail important, ce qui est rarissime, ils vous appelleront pour vous demander pourquoi vous n'avez pas répondu. Pour ma part, je leur réponds sans ménagement que j'ai dû indiquer comme spam leur adresse mail.

✓ **Annoncez d'emblée la couleur.** Pour vous parer contre les mails inutiles, le mieux est encore de les anticiper. Indiquez à vos contacts les types d'e-mails à ne pas vous envoyer et les liens où ils pourront obtenir les réponses aux questions les plus fréquentes. S'ils respectent ces consignes, vos e-mails devraient se réduire comme par magie. Par exemple, au lieu de me demander un lien par mail, il leur suffit de se rendre sur une liste de liens que j'ai préenregistrés. Tous leurs commentaires, suggestions et questions, ils peuvent les poster sur certaines pages que j'ai spécialement créées dans ce but. Je vais aussi bientôt mettre en place une rubrique intitulée « questions les plus fréquemment posées ». Ces petites stratégies me soulagent d'un poids énorme. Grâce à elles, je ne suis plus contraint de répondre à chacune de leurs demandes. Je continue évidemment à lire leurs commentaires et questions, mais n'y réponds que si j'en ai le temps. Ma messagerie est devenue beaucoup plus facile à gérer.

UNE MESSAGERIE EFFICACE EST UNE MESSAGERIE VIDE

Bien. Maintenant qu'il ne reste plus dans votre boîte de réception que les e-mails essentiels, la question est de savoir comment la vider le plus rapidement possible. J'arrive à vider la mienne intégralement en 20 minutes, mais chacun son rythme, selon le nombre d'e-mails que vous recevez, votre faculté à vous concentrer, et que vous soyez débutant ou confirmé. Dans tous les cas, cherchez à vider votre messagerie en un minimum de temps grâce à ces méthodes.

- ✓ **Créez un dossier temporaire « à traiter ».** Si votre boîte est pleine à craquer (des centaines de messages en attente d'une réponse), créez un dossier temporaire « à traiter » et revenez-y plus tard, par tranches de 30 minutes, jusqu'à le vider lui aussi entièrement. Commencez avec une boîte vide, et utilisez les techniques suivantes pour la garder vide ou la vider en un minimum de temps.
- ✓ **Ne vous servez pas de votre boîte mail comme d'une liste de choses à faire.** Utilisez votre propre système. Souvent, l'e-mail stagne dans la boîte, car il requiert une action pour être traité. Au lieu de le laisser croupir,

entrez la tâche requise dans votre propre système de choses à faire : un carnet, un logiciel en ligne, un agenda, peu importe, mais débarrassez-vous de cette tâche qui pollue votre messagerie. Marquez l'e-mail si nécessaire, puis archivez-le et oubliez-le. En suivant cette méthode, vous devriez vous débarrasser rapidement d'un bon nombre d'e-mails. Évidemment, ça vous rajoute quelque chose à faire, mais au moins c'est sur votre liste et votre boîte est vide.

✓ **Soyez rapide.** Ne passez pas trop de temps dessus. Procédez de haut en bas et traitez chaque e-mail un à un, puis supprimez-les ou rangez-les dans des dossiers, débarrassez-vous de chaque e-mail sitôt ouvert. Vous avez plusieurs possibilités : les supprimer, les archiver (pour un besoin ultérieur), y répondre dans les 48 heures (puis les archiver ou les supprimer), les ajouter à votre liste de choses à faire (puis les archiver ou les supprimer), ou faire le nécessaire sur-le-champ (s'ils sont rapidement exécutables, puis les archiver ou les supprimer). Notez que pour chaque option, l'e-mail finit irrémédiablement archivé ou supprimé. Peu importe ce que vous en faites, ils doivent tous disparaître de votre boîte. Ne les laissez jamais croupir. Traitez-les et passez rapidement au mail suivant sans vous appesantir sur chacun. Avec un peu d'entraînement, vous passerez bientôt en revue des dizaines d'e-mails en deux temps, trois mouvements.

✓ **N'hésitez pas à utiliser plus souvent la touche « Supprimer ».** Nous croyons souvent que tout e-mail exige une réponse. Erreur ! Qu'arriverait-il de si grave si vous supprimiez celui-ci ou celui-là ? Si les conséquences ne sont pas si dramatiques que ça, éliminez-le sans hésiter et passez au suivant. Vous ne pouvez pas répondre à chacun. Alors ne répondez qu'aux plus importants d'entre eux. Si vous limitez le nombre d'e-mails à traiter, vous gagnez du temps et êtes sûr de faire le nécessaire.

✓ **Finissez toujours ce que vous commencez.** Dès que vous ouvrez votre boîte, traitez tous vos e-mails jusqu'au dernier. Ne vous contentez pas de les lire pour les laisser dans la boîte. Allez ouste ! Du balai ! Votre boîte doit toujours être impeccablement vide. Faites-en une règle à vie : plus un seul mail ne doit traîner dans la boîte. Ah ! Ça fait du bien !

RÉDIGEZ DES E-MAILS PLUS COURTS

Pour réduire le temps passé sur vos e-mails, rédigez des messages plus courts. Ils seront d'autant plus percutants. Maintenant qu'ils passent par l'implacable crible de vos filtres antispam et anti-pop-up que vous avez mis en place, les quelques e-mails auxquels vous allez répondre s'imposent d'eux-mêmes. Mais n'en profitez pas pour écrire des romans ! Pour ma part, je limite mes réponses à cinq phrases (et c'est un maximum ! La plupart de mes e-mails sont encore plus concis). Cela m'oblige à être d'autant plus clair que je ne choisis de dire que l'essentiel. Et quel gain de temps ! Vous pouvez vous fixer un autre maximum, bien sûr. Par exemple sept phrases. Essayez avec votre propre limite pendant quelques jours. Et une fois votre limite idéale trouvée, faites en sorte de toujours la respecter. La clé réside une fois encore dans les limites qui vous contraignent à faire passer dans vos e-mails uniquement les concepts clés pour vous faire gagner du temps.

Chapitre 11

Simplifiez Internet

Internet n'est pas qu'une gigantesque banque de données, c'est aussi devenu l'univers dans lequel nous passons notre vie. Nous y faisons nos courses, nos recherches, nous y rencontrons du monde, nous y communiquons, nous y jouons, nous y travaillons, nous y flânons.

Avec autant de possibilités, il n'est pas étonnant que nous y perdions autant d'heures, happés par les innombrables sites qui attirent notre attention, avant d'accomplir le travail effectif. Méfiez-vous, Internet peut se révéler un véritable gouffre à productivité. Sachez donc l'arrêter avant qu'il ne soit trop tard. Appliquez les principes de *L'art d'aller à l'essentiel* : fixez-vous des limites et utilisez Internet de manière plus efficace. Limitez, simplifiez, et faites-en plus sur et hors Internet.

ET VOUS ? COMMENT L'UTILISEZ-VOUS ?

Pendant trois jours d'affilée, observez votre manière de naviguer sur la toile. Aidez-vous d'outils comme Toggl, yaTimer ou Tick pour enregistrer le temps que vous passez sur chaque site, et vous obtiendrez une vision précise de ce à quoi vous employez concrètement vos journées.

Cette prise de conscience constitue une étape primordiale pour maîtriser Internet. Pour simplifier, il faut déjà prendre conscience de sa dépendance au web. Et ouvrir les yeux peut vous donner le déclic pour changer vos mauvaises habitudes.

Déduisez quels sont les sites les plus chronophages, c'est-à-dire ceux sur lesquels vous passez beaucoup de temps pour rien. Ce sont ceux-là dont il faut modérer l'utilisation.

ÉLABOREZ UN PLAN D'ACTION

Une fois que vous avez repéré vos automatismes, il convient de mettre en place une stratégie.

Surfez en toute connaissance de cause plutôt que de vous laisser entraîner dans le tourbillon d'Internet à la moindre occasion ! Une utilisation raisonnable suppose de se fixer des limites et d'avoir un but bien précis. Cela ne veut pas dire que vous ne pourrez plus jamais utiliser Internet à des fins ludiques ou pour surfer par simple curiosité, sans but particulier. Mais ne mélangez pas travail et loisir. Lorsque vous devez travailler, travaillez. Lorsque vous avez du temps pour vous amuser, vous pouvez vous permettre de surfer au gré de vos envies.

Pour connaître vos véritables besoins en matière d'Internet, posez-vous les questions suivantes :

- Quelles sont les utilisations d'Internet essentielles à votre travail ? À quelle occasion et à quelle fréquence devez-vous consulter certains sites bien précis ?
- Quels sont les sites que vous aimez consulter pour le loisir ? Sans vous les interdire complètement, limitez le temps que vous passez dessus. Utilisez-les comme récompense une fois votre travail accompli.
- Quand avez-vous besoin de vous concentrer sur un travail sérieux, et quand pouvez-

vous vous permettre de surfer sur le web pour vous distraire ?

Prévoyez des périodes de concentration intensive pour travailler, des créneaux pour effectuer toute votre communication, comme les e-mails ou la messagerie instantanée, des plages pour vos recherches et autres activités sur Internet, et des moments pour vous distraire.

APPRENEZ À TRAVAILLER SANS INTERNET POUR MIEUX VOUS CONCENTRER

Une bonne façon d'améliorer son rendement est de se déconnecter d'Internet pour tous les travaux demandant sérieux, rigueur et concentration intense. Alors que j'écris ces lignes, par exemple, je ne suis pas connecté. Cela peut paraître insurmontable pour certains d'entre vous qui sont connectés 24 heures sur 24, mais une fois que vous y êtes habitué, les moments où vous vous déconnectez d'Internet sont plutôt relaxants et agréables.

Imaginons que de vos trois tâches les plus importantes de la journée, la première soit d'écrire un article. Vous allez peut-être avoir recours en premier lieu à Internet pour y effectuer quelques recherches. Fixez une limite de temps à ne pas dépasser (disons 30 minutes) et un but spécifique (par exemple, « trouver des informations pertinentes sur les forêts tropicales »). Une fois vos recherches terminées, déconnectez-vous d'Internet pour rédiger votre article.

Si la plupart des tâches professionnelles requièrent Internet essentiellement pour communiquer ou faire des recherches, la plus grande partie peut s'effectuer sans Internet, qu'il s'agisse d'écrire, de dessiner, de lire ou de corriger un document. Si vous exécutez ces tâches en restant connecté, les tentations de distractions sont à craindre : un e-mail à envoyer, un livre à consulter ou une musique à télécharger... Vous serez constamment rongé par l'envie d'aller consulter vos sites favoris. Difficile de rester concentré sur son travail dans ces conditions !

Vous déconnecter coupe court à toute tentation. Vous avancerez bien plus vite sur votre travail si vous ne vous concentrez que sur lui.

Quelques astuces pour travailler sans Internet :

- ✓ Commencez par vos recherches sur Internet pour ne pas avoir à vous reconnecter plus tard.
- ✓ Éliminez toutes les sources éventuelles de distractions et déconnectez-vous d'Internet pour mieux vous concentrer sur votre travail.
- ✓ Programmez un réveil et essayez de vous concentrer exclusivement sur la tâche en question pendant le temps imparti.
- ✓ Si vous pensez à quelque chose à faire sur Internet, notez-le. Vous irez plus tard, ça peut attendre.
- ✓ Instaurez « une heure hors ligne » chaque jour pour prendre l'habitude de travailler hors connexion. Et pourquoi pas même « une journée hors ligne » si cela vous paraît réalisable.
- ✓ Si nécessaire, pour ne pas être tenté de vous reconnecter en quelques clics, débranchez le câble Internet de l'ordinateur et confiez-le à un collègue ou mettez-le en lieu sûr pour une heure ou plus, ou encore travaillez dans une zone sans Wi-Fi avec votre ordinateur portable.

✓ Récompensez-vous, une fois la tâche terminée, en allant sur les sites que vous appréciez, mais seulement une fois la tâche entièrement terminée. On est bien d'accord ?

Vous serez étonné de la quantité de travail supplémentaire que vous allez pouvoir abattre.

COMMENT NE PAS VOUS LAISSER TENTER PAR LES DISTRACTIONS ?

Même si nous n'en avons pas pleinement conscience, Internet est devenu pour beaucoup une véritable drogue, avec les mêmes effets que les autres dépendances. Ce qui veut dire que travailler hors connexion vous sera plus difficile que vous le croyez. Et si vous êtes vraiment accro, vous ne pourrez même pas l'envisager.

Comme pour les autres addictions, le besoin compulsif d'aller sur Internet peut être combattu. Cela demande beaucoup d'énergie et de concentration, mais c'est possible. Voici comment :

- ✓ Obligez-vous à ne pas vous soumettre à cette addiction pendant une semaine. Un mois serait mieux, mais je sais que vous avez d'autres chats à fouetter. Durant cette semaine-là, votre objectif n° 1 sera de vous libérer d'Internet et d'être capable de travailler déconnecté.
- ✓ Fixez-vous des règles comme « pas d'e-mails sauf à 10 heures et 16 heures » ou « pas d'Internet de 9 heures à 10 heures » ou encore « pas d'Internet le matin ». Établissez ces règles en fonction du plus optimal pour votre situation professionnelle et tenez-vous-y.
- ✓ Lorsque vous ressentez le besoin irrésistible d'aller sur Internet, dites-vous que ce n'est qu'un mauvais moment à passer. Les compulsions fonctionnent par vagues : elles grandissent, grandissent, grandissent, puis disparaissent tout d'un coup. Une autre vague suivra, surfez également dessus. Armez-vous simplement de patience. Toutes les compulsions finissent par passer d'elles-mêmes. Ce n'est qu'une question de temps.
- ✓ Profitez de la pression stimulante de votre entourage. Demandez à votre famille, amis et collègues de vous empêcher d'approcher

d'Internet durant le créneau que vous vous êtes fixé. Dites-leur de vous surveiller, et faites-leur un bilan quotidien. Cette pression positive de votre entourage peut vous aider à venir à bout de votre addiction.

- ✓ Récompensez-vous. Si vous réussissez à ne pas utiliser Internet pendant le temps imparti, accordez-vous une petite récompense : une petite gâterie, le droit de relever vos e-mails, d'aller consulter l'un de vos sites favoris, ou tout ce qui pourrait vous faire plaisir.
- ✓ Utilisez les stratégies de retardement qui fonctionnent pour toutes les addictions, comme la respiration profonde, boire un grand verre d'eau, les automassages ou une petite promenade. Usez de ces pratiques dès que l'envie est trop forte. Elle passera d'elle-même.
- ✓ Faites preuve de patience vis-à-vis des automatismes que vous souhaitez mettre en place. Une nouvelle habitude ne se prend pas en un jour. Plus vous pratiquerez (travailler sans Internet), plus cela vous sera facile. Un sentiment jouissif.

Chapitre 12

Simplifiez votre archivage

Dans la plupart des entreprises où j'ai travaillé, les bureaux croulent sous les piles de papiers qui s'entassent les unes au-dessus des autres. Certains de mes collègues revendiquent même ces piles comme une certaine forme d'organisation. J'ai du mal à y croire tant je les ai vus les retourner désespérément en quête d'un certain document qu'ils étaient pourtant « sûrs d'avoir mis là ». En fait, ils passent inutilement un temps fou à fouiller ces piles de papiers.

Si, pour certains, les piles représentent une forme d'organisation, pour d'autres, elles ne sont qu'un bazar désorganisé provoquant angoisse, maux de tête et perte de temps. Si les piles de papiers s'amoncellent sur votre bureau, c'est que vous ne parvenez pas à faire deux choses :

1. Établir un système simple de classement
2. Prendre l'habitude d'utiliser systématiquement ce système

Aujourd'hui, mon bureau est nickel, simple et feng shui. Il n'y a strictement plus rien dessus à part un téléphone, mon Mac et un petit carnet, car j'ai appris à respecter ces deux principes de base. Et si nous nous penchions davantage sur chacun d'entre eux ?

INSTAUREZ UN SYSTÈME DE CLASSEMENT SIMPLE

Plus votre système de classement sera simple, plus il sera efficace. S'il est trop compliqué, vous l'abandonnerez rapidement. Voici comment élaborer votre propre système :

✓ **Triez et jetez avant de classer.** Avant de classer quoi que ce soit, il est primordial d'éliminer tous les papiers qu'il est inutile de garder. Car lorsque le tiroir déborde, vous ne prenez jamais le temps de tout réorganiser et vous ne vous y retrouvez jamais. Pour simplifier :

- Faites une grande pile de tous vos papiers. Si la tour de Pise s'écroule, divisez-la en plusieurs piles, évidemment, mais considérez ces autres piles comme la continuité de la première. Si vos classeurs sont en désordre, ajoutez leur contenu à la pile. En instaurant ce système de classement chez moi, j'ai réussi à réduire mes dossiers de deux tiers. Cela m'a pris une heure.
- Parcourez-les rapidement un par un. Prenez chaque document, puis chaque classeur, et décidez de son destin : si vous ne pensez pas en avoir besoin dans les prochains mois, éliminez-le. Dès que vous le pouvez, jetez, détruisez ou recyclez, comme vous voulez, mais débarrassez-vous d'un maximum de papiers. Je n'ai pas souvenir d'avoir eu à le regretter.
- Confiez-les à quelqu'un d'autre. Si vous n'arrivez pas à éliminer quelque chose sans l'avis d'une tierce personne, transmettez-le à cette personne. Au moins, il n'est plus sur votre bureau.
- Classez-les. Si vous êtes vraiment certain d'avoir de nouveau besoin de ce papier, classez-le.

- ✓ **Adoptez un système de classement tout simple.** Vous n'avez besoin que de dossiers de classement et d'étiquettes (achetez une étiqueteuse si nécessaire). Créez un dossier par client, par fournisseur ou par projet, et classez-les par ordre alphabétique. Un tiroir devrait suffire. Certaines professions demandent beaucoup plus de place, mais dans la majorité des cas, que vous soyez salarié ou que vous travailliez en freelance, un seul tiroir suffit. Et si vous vous limitez à un tiroir, vous serez obligé de le trier régulièrement. Mais ne vous souciez pas de ça tout de suite. Pour le moment, contentez-vous simplement de créer un dossier, de l'étiqueter et de le classer par ordre alphabétique.
- ✓ **Classez vos papiers dès réception.** Le secret pour garder votre système de classement à jour, c'est de trier les papiers dès qu'ils arrivent. Lorsque vous traitez votre messagerie et que vous tombez sur un e-mail qui ne demande aucune action de votre part, mais dont vous pourriez avoir besoin plus tard, ne le mettez pas de côté pour le classer ultérieurement, surtout pas dans une pile « À trier », ni une chemise étiquetée « À classer » ou « Divers ». Ouvrez

simplement votre tiroir (il doit être facile d'accès), sortez le dossier approprié, et insérez-y le nouveau document. Et voilà. Affaire classée ! Cinq secondes montre en main. Si vous ne le faites pas sur-le-champ, c'est le retour assuré des piles. Ce papier se transforme vite en pile, et la pile en montagne. Et vous savez pertinemment que le système des piles ne fonctionne pas. Les papiers s'entassent, et en moins de temps qu'il ne faut pour le dire, les piles deviennent tellement imposantes que vous n'avez plus le courage de les affronter. C'est le désordre intégral. Vous ne retrouvez plus rien. Il vous faut constamment chercher quelle pile est destinée à quoi et quels sont les documents de chaque pile, et quand vous avez besoin d'un papier, vous mettez un temps fou à le retrouver. En plus, ça encombre votre bureau, ce qui vous distrait de votre travail.

✓ **Ayez tout le matériel nécessaire à portée de main.** Prévoyez un petit stock de dossiers et d'étiquettes pour en disposer en permanence. Si vous estimez qu'un document doit être classé pour vous y reporter ultérieurement mais qu'aucun dossier n'existe encore pour lui, il serait dommage de remettre à plus tard son classement parce que vous n'avez pas tout le matériel requis sous la main. Et vous n'aurez pas envie de vous lever pour aller chercher un dossier ou une étiquette à chaque fois que vous souhaiterez classer un document, donc vous allez le mettre de côté. Et c'est reparti pour les piles ! Pour éviter ça, regroupez tout le matériel dans un même tiroir à portée de main. Ainsi, lorsque vous aurez besoin de créer un nouveau dossier, vous n'aurez plus qu'à y apposer une étiquette, y glisser le document et le classer par ordre alphabétique.

✓ **Réduisez progressivement vos besoins de classement.** En une année, j'ai tellement réduit mes besoins de classement que je n'utilise même plus un tiroir entier. Il m'arrive bien sûr, une fois de temps en temps, d'ouvrir le tiroir pour regarder un fichier, mais j'y range beaucoup moins de papiers qu'avant. Et je vous conseille de faire de même. Lentement mais sûrement, réduisez vos besoins de classement. Voici quelques techniques :

– Stockez vos informations de référence en ligne. Maintenant, quand j'ai besoin de regarder quelque chose, je compose une combinaison hot-key (j'utilise Auto-Hotkey pour ouvrir les sites Internet et les documents) et les documents appropriés s'ouvrent, m'offrant toutes les informations dont j'ai besoin : contacts, informations financières, idées, logos, et beaucoup d'autres choses encore sont en ligne, ce qui veut dire moins de papiers et moins de classement !

– Réduisez le nombre de nouveaux papiers. Demandez aux gens de vous envoyer des e-mails plutôt que des fax ou du courrier. De nos jours, tout étant fait par ordinateur, la version papier est dépassée. Vive le numérique ! Prenez également des mesures pour que l'on arrête de vous envoyer les versions papier des newsletters, magazines et autres documents de ce genre.
– Arrêtez d'imprimer. Pourquoi imprimer les e-mails et tous ces documents que vous recevez ou que vous créez ? Non seulement vous vous retrouvez avec deux exemplaires, mais vous tuez des arbres et devez classer la version papier en plus de la version numérique. Ajoutons qu'il est bien plus facile de chercher des informations numériques si besoin.

– Passez au crible les nouveaux documents. À chaque fois que vous vous apprêtez à en classer un, demandez-vous si vous avez vraiment besoin de garder cette version papier. S'il est disponible en ligne, est-il vraiment nécessaire de vous le faire parvenir par la poste ? Ne vaut-il pas mieux le scanner et le stocker numériquement ? Débarrassez-vous de ces papiers qui vous envahissent. Tranquillement, un par un.

ASTUCES POUR UNE MEILLEURE GESTION DE VOTRE PAPERASSERIE PERSONNELLE

Les cinq étapes décrites ci-dessus concernent aussi bien les papiers du bureau que de la maison. Voici quelques astuces spécifiques à la paperasse de la vie courante :

› **Guichet de poste à domicile.** Constituez-vous un véritable « centre de réception du courrier » chez vous pour y regrouper tout votre courrier et nouveaux papiers. Il doit inclure une boîte aux lettres pour tous les papiers entrants, une corbeille (l'outil le plus indispensable pour celui qui cherche à simplifier sa vie !), un système de classement (de simples dossiers dans des tiroirs ou boîtes de rangement), et un tiroir réservé aux enveloppes, timbres, chéquiers, stylos et autres outils de papeterie dont vous pourriez avoir besoin.

› **Boîte aux lettres maison.** Regroupez le courrier du jour, les papiers relatifs à l'école et autres dans une seule et même boîte aux lettres. Plutôt que de les disséminer entre le bar, le canapé et la table basse, mettez-les dans un seul et unique endroit : « boîte aux lettres ». Ouvrez le courrier et jetez les enveloppes vides, les prospectus commerciaux, tracts et autres publicités. Si vous ne pouvez pas faire ce tri tout de suite, rangez-les au moins tous dans la fameuse boîte.

› **Payez vos factures dès réception.** Lorsque vous traitez papiers et courrier, placez toutes les factures à payer à une certaine date dans un classeur. Vous pouvez opter pour deux dates dans le mois ou un jour par semaine. Mais le plus simple est de payer la facture sur-le-champ. Faites un chèque et mettez la facture assortie de son chèque dans une enveloppe prête à poster pour le lendemain, ou allumez votre PC et payez en ligne. Plus vite vous vous acquitterez de cette facture, plus vite elle sortira de votre esprit.

› **N'hésitez pas à vous servir de votre listing et de votre agenda.** Pour les papiers qui demandent des tâches ou des rendez-vous à certains horaires précis, votre premier réflexe doit être d'inscrire les tâches en question sur votre liste des choses à faire et les dates dans votre agenda. J'utilise pour ma part Google Calendar (GCal). J'y entre toutes mes activités, y compris les matchs de foot de mes fils, les événements scolaires, etc., puis classe simplement les papiers dans un dossier « école » pour pouvoir les y retrouver facilement par la suite.

› **Classez-les sur-le-champ.** Une fois la facture payée ou l'action requise accomplie, classez le document en question (à moins que vous puissiez le jeter). Ne le laissez pas traîner sur votre bureau et commencer une pile de dossiers « à classer ». Ne le remettez pas non plus dans la boîte aux lettres. Classez-le immédiatement. Adoptez un système de classement simple avec des enveloppes en papier kraft étiquetées au nom de la société facturante ou du service rendu, des dossiers ou classeurs pour les autres papiers importants, que vous rangerez par ordre alphabétique afin de les retrouver facilement. Ayez toujours des dossiers et des étiquettes vierges sous la main pour pouvoir créer un nouveau dossier rapidement si vous en avez besoin. La règle d'or du classement, c'est de le faire sans attendre et ne pas laisser les choses s'entasser.

Vous l'aurez compris : aucun papier ne doit se trouver ailleurs que dans votre boîte aux lettres ou votre tiroir de classement. Il n'y a pas plus simple ni plus efficace. Faites-en un automatisme, un rituel. Fixez un moment dans la journée ou dans la semaine pour traiter votre courrier et payer vos factures. Instaurez un système aussi simple que celui-ci et vous éliminerez fouillis et soucis.

Chapitre 13
Simplifiez vos obligations

S'il est un changement à mettre en place dès aujourd'hui pour un impact retentissant sur votre vie en termes de productivité, d'efficacité et d'aptitude à faire les choses que vous souhaitez, ce serait de réduire les obligations dans votre vie. Rien que ça vous libérerait un temps fou pour le travail important, vos ambitions personnelles, vos passions, le sport, la lecture, le repos ou des moments avec vos proches.

Je ne vais pas vous mentir : réduire ses obligations n'est pas chose facile et demande temps, détermination et capacité à dire « non ». Mais le retour sur investissement se fait rarement attendre, et ce, pour le reste de sa vie.

LA PRESSION DES OBLIGATIONS

Nos vies sont alourdies par les engagements. Au travail, nous multiplions les obligations qui sortent du cadre de nos fonctions, pourtant déjà pléthoriques. Il arrive par exemple que nous fassions partie de différents comités, que nous devions participer à différentes réunions, que nous ayons pris des engagements pour divers projets, que nous devions assister à des conférences ou nous rendre dans des cliniques, que nous devions honorer des rendez-vous réguliers ou siéger au conseil d'administration de notre entreprise. En plus s'ajoutent les obligations civiques, religieuses et familiales, les loisirs, les obligations quotidiennes, domestiques, le sport, les sorties entre amis, collègues, etc.

Cessez de multiplier les obligations tous azimuts au point d'y laisser tout votre temps et toute votre énergie. À chaque fois que vous acceptez un nouvel engagement, soyez bien conscient que cela vous prendra une partie de votre temps. Curieusement, ce n'est jamais nous qui décidons de tous ces engagements. Ils nous tombent dessus sans crier gare. Aucun d'eux ne semble demander beaucoup d'efforts, mais additionnés les uns aux autres, ils pourraient bien prendre le contrôle de votre vie et vous la « bouffer » littéralement.

Réduisez ces engagements un par un afin de vous libérer du temps pour les choses qui sont importantes pour vous.

FAITES L'INVENTAIRE DE VOS OBLIGATIONS

Afin de reprendre le contrôle de vos obligations, faites-en d'abord l'inventaire. Dressez-en la liste dès maintenant.

En voici quelques-unes, mais vous pouvez évidemment en avoir d'autres :

- **Travail :** vous croulez sous les engagements professionnels ? Listez-les tous.
- **« À-côtés » :** ce sont les activités professionnelles annexes, comme un second emploi, du travail en freelance ou des petits boulots pour arrondir les fins de mois.
- **Famille :** nous jouons tous un rôle en tant que père, mère, mari, épouse,

fils, fille. Ces rôles impliquent de nombreuses obligations.

- **Enfants :** entre le foot, la danse, la chorale, le judo, le basket, l'orthophoniste, la guitare, les matchs, les concours, les spectacles, et le reste, chacun des engagements de vos enfants est aussi le vôtre.
- **Volontariat :** si vous êtes bénévole ou volontaire pour certaines associations, ou membre d'un jury ou d'un conseil d'une organisation non lucrative.
- **Religion :** si vous êtes engagé dans votre église ou appartenez à une congrégation religieuse. Le simple fait d'aller à la messe une fois par semaine est déjà un engagement.
- **Loisirs :** que vous couriez, pratiquiez le vélo, fabriquiez des modèles réduits, ou fassiez partie d'une organisation avant-gardiste de livres comiques, ce sont aussi des engagements.
- **Tâches domestiques :** en plus des obligations quotidiennes, il y en a des choses à faire à la maison !
- **Internet :** vous consultez peut-être régulièrement certains sites, certains forums, ou faites partie d'une mailing liste ou d'un groupe de discussion. Ces

> communautés en ligne viennent se rajouter aussi à la liste, comme si elle n'était déjà pas assez longue !

S'il vous vient à l'esprit d'autres engagements qui ne figurent pas dans cette liste, rajoutez-les. Vous avez tout intérêt à dresser un inventaire des plus complets. Plus il sera exhaustif, mieux ce sera.

DRESSEZ UNE « TOP LISTE »

Maintenant, regardez de plus près chacun des points qui figurent sur votre liste et demandez-vous : que vous apportent-ils ? Quelle importance revêtent-ils pour vous ? Sont-ils en accord avec vos priorités et vos valeurs ? Cela affecterait-il votre vie si vous les abandonniez ? Vous rapprochent-ils de vos objectifs ?

Puis faites une liste plus courte où vous n'inscrirez que les quatre ou cinq engagements les plus importants. Que préférez-vous par-dessus tout ? Que voulez-vous privilégier ? Votre liste peut inclure tout ce que vous voulez. Voici la mienne :

1. Passer du temps avec ma femme et mes enfants
2. Écrire
3. Courir
4. Lire

Voilà ma « top liste ». Ni plus ni moins. Pour réduire votre liste à quatre ou cinq points, vous allez devoir sonder les tréfonds de votre âme. Une fois votre top liste créée, je vous conseille de passer en revue tous vos engagements et décider lesquels intégrer à la top liste. S'ils sont en accord avec elle, c'est qu'ils sont essentiels. Par exemple, alimenter mon blog *Zen habits* fait partie de ma top liste des priorités (écrire). C'est donc un engagement essentiel pour moi. Quels sont vos engagements essentiels ?

COMMENCEZ PAR ÉLIMINER CEUX QUI NE SONT PAS ESSENTIELS

Tout ce qui n'est pas essentiel sur votre liste d'engagements est, par définition, inutile, donc à éliminer. C'est quitte ou double. Éliminer les engagements non essentiels est une étape cruciale qui vous libérera beaucoup de temps, vous rendra moins nerveux, et vous permettra de vous concentrer sur l'essentiel. Vous n'avez jamais assez de temps pour les projets qui vous tiennent le plus à cœur ? Votre famille ? Votre passion ? Maintenant vous en aurez. Utilisez le temps ainsi libéré uniquement pour les engagements essentiels de votre top liste. Voici comment éliminer les engagements non essentiels de votre liste :

- ✓ **Allez-y progressivement.** N'essayez pas de tout éliminer d'emblée. Cherchez d'abord les engagements les plus faciles à supprimer de votre liste. Puis occupez-vous de ceux qui vous apportent le moins de retour sur le temps et les efforts investis, ainsi que ceux qui ne sont pas en accord avec vos valeurs, vos priorités et vos objectifs dans la vie. Réduisez-les, au moins pour quelques semaines, et voyez si vous pouvez vous en passer définitivement.
- ✓ **Téléphonez ou envoyez un e-mail pour présenter vos excuses.** Expliquez que vous avez trop de choses à faire en ce moment et que vous n'avez tout simplement pas

le temps de remplir vos engagements. Excusez-vous poliment, mais soyez ferme et coupez court à toute négociation.

✓ **Si l'un de vos rendez-vous est annulé, remplacez-le par un autre engagement de votre top liste.** N'en profitez pas pour regarder la télé. Utilisez le temps gagné de manière constructive.

✓ **Répétez ce processus avec les autres engagements non essentiels, un par un, jusqu'à en avoir totalement terminé.** Efforcez-vous de rayer tous les engagements non essentiels de votre liste. Cela peut prendre un moment, surtout avec les engagements pour lesquels vous devrez trouver un remplaçant ou une autre solution. Mais ne vous arrêtez pas tant que vous ne les avez pas tous éliminés. À chaque fois que vous en supprimez un, vous risquez de culpabiliser devant l'insistance générale pour que vous ne changiez rien. Mais c'est aussi un profond soulagement de ne pas être assujetti à tel ou tel engagement chaque jour, semaine ou mois. Cela vous libère beaucoup de temps. Alors les autres peuvent bien être déçus, vous ne devez conserver que ce qui est important à vos yeux, non ce qui est important aux yeux des autres. Si nous faisons tout ce que les autres attendent de nous, nous ne nous appartenons plus.

APPRENEZ À DIRE « NON »

Votre liste d'engagements ne s'est pas surchargée du jour au lendemain. Ces engagements se sont ajoutés à votre vie un à un car vous les avez acceptés. Quelqu'un vous en a fait la demande et vous avez répondu « oui » à chaque fois.

Maintenant que vous êtes dans l'optique d'éliminer les engagements non essentiels de votre vie et de vous libérer du temps, évitez, dans la mesure du possible, d'ajouter à votre top liste de nouveaux engagements. Parfois, cela peut être positif s'il s'agit de quelque chose que vous aimez au détriment de quelque chose que vous aimez moins. Mais la plupart du temps, les nouveaux engagements ne font que se surajouter à votre charge déjà imposante et vous prennent le temps et l'énergie que vous pourriez utiliser pour des activités plus intéressantes.

Donc, évitez les nouveaux engagements en apprenant à dire « non » aux nouvelles demandes qui surviennent à longueur de temps, à la maison comme au travail, par téléphone ou par e-mail, et même lorsque vous rencontrez par hasard quelqu'un au supermarché. Apprenez à les reconnaître du premier coup d'œil pour mieux les décliner.

Cela peut paraître très difficile à certaines personnes qui se sentent obligées de dire « oui », gênées de refuser la demande d'un ami, d'un collègue ou de quelqu'un dans le besoin. Mais c'est une erreur. Vous avez une bonne raison de dire « non », une très bonne raison même : votre temps est limité et précieux. Si vous disposiez de tout le temps du monde, ce ne serait certes pas cet engagement d'une heure qui vous empêcherait de faire ce que vous avez à faire, on est d'accord. Mais sur une journée de 24 heures, si vous retirez les heures de sommeil, de toilette, de repas, de transport, de travail et de ménage, il ne reste plus que quelques toutes petites heures de temps libre. Préservez votre temps, c'est votre bien le plus précieux. Votre temps et votre vie vous appartiennent. Gardez-les jalousement.

Si vous avez du mal à dire « non » lorsqu'on vous sollicite, voici quelques conseils :

- ✓ **Agissez en toute connaissance de cause.** Apprenez à reconnaître les requêtes pour ce qu'elles sont : des voleuses de temps. Et ne perdez pas de vue que votre temps est extrêmement limité, et qu'il vaut mieux le remplir de choses importantes pour vous.
- ✓ **Passez en revue votre top liste.** La demande est-elle en accord avec vos quatre ou cinq priorités ? Si tel n'est pas le cas, c'est que l'engagement en question n'est pas essentiel. Ne le laissez donc pas entrer dans votre vie. Déclinez-le.
- ✓ **Soyez franc.** Dites à votre interlocuteur que vous essayez de réduire vos engagements car vous êtes débordé. Dites-lui que vous essayez de vous concentrer et que vous ne pouvez accepter aucun nouvel engagement pour le moment. Il comprendra certainement. Si ce n'est pas le cas, soyez convaincu d'avoir au moins fait ce qui est bien pour vous.
- ✓ **Soyez ferme.** Dites simplement « je ne peux pas en ce moment » et faites clairement savoir que vous n'êtes pas ouvert aux négociations ou à toute tentative de persuasion. Si vous n'êtes pas assez catégorique, on risque d'insister jusqu'à ce que vous cédiez.

- ✓ **Ne vous confondez pas en excuses.** Dites juste : « J'aurais aimé pouvoir… (t'aider, venir, etc.) » ou bien « Ça m'aurait bien tenté, mais je n'ai pas le temps, là ». Cela montre que vous prenez acte de la demande de la personne tout en statuant clairement que vous n'êtes pas disponible pour remplir l'engagement en question.
- ✓ **Ne culpabilisez pas.** Même si la personne insiste en disant que l'on a absolument besoin de vous pour ce projet, ils trouveront bien quelqu'un d'autre, ne vous faites aucun souci à ce sujet. Rien n'a jamais échoué en ce bas monde parce que quelqu'un avait répondu « non » à une requête. Si le besoin est impérieux, une autre personne assurera le rôle. Aussi, ne vous complaisez pas dans la culpabilité en vous croyant responsable si les choses tournent mal pour quelqu'un que vous aimez. Il y arrivera bien sans vous.

AMÉNAGEZ-VOUS DU TEMPS POUR CE QUE VOUS AIMEZ

Si vous souhaitez dégager du temps pour ce que vous aimez dans votre vie privée, suivez les mêmes principes que pour réduire vos engagements dans votre vie professionnelle.

Une vie moins stressante, plus agréable, avec moins de travail et où vous auriez le temps de réaliser tout ce que vous voulez faire, vous croyez que c'est impossible ? Détrompez-vous. C'est plutôt simple, mais mettre en place un tel programme demande un certain effort au départ.

1. En premier lieu, listez les choses qui vous tiennent le plus à cœur. Celles que vous adorez faire. Celles auxquelles vous consacreriez volontiers un peu de votre temps si précieux. Limitez-vous à quatre ou cinq points si possible, il s'agit là de votre top liste, donc exclusivement les choses les plus importantes.
2. Éliminez un maximum d'autres engagements dans votre vie privée.

3. Planifiez votre temps libre de manière à faire les choses qui figurent sur votre top liste.

C'est aussi simple que ça. Lorsque vous décidez de passer plus de temps avec votre famille, il suffit d'en faire une priorité pour qu'elle se réalise. Refusez invitations, rencontres amicales, sorties entre amis, et annulez vos engagements déjà pris (rendez-vous, etc.), qui ne font pas partie de votre priorité n° 1 : passer du temps avec votre famille. Lorsque j'ai décidé de courir un marathon, cela impliquait de me lever tôt pour aller m'entraîner avant de préparer les enfants pour l'école et de me préparer moi-même pour le travail. Se lever plus tôt impliquait de se coucher plus tôt, ce qui signifiait : plus de télévision le soir. Courir étant plus important pour moi que la télévision, j'ai résilié mon abonnement au câble.

Lorsque j'ai décidé d'écrire ce livre, j'ai dû sacrifier d'autres projets de travail moins importants. Et j'ai dédié le temps ainsi libéré à l'écriture. Si vous souhaitez libérer du temps pour les choses que vous aimez, abandonnez les choses qui sont de priorité secondaire, et vous mènerez la vie que vous souhaitez. Il suffit pour cela de respecter votre top liste.

TRUCS ET ASTUCES POUR SIMPLIFIER VOTRE VIE PRIVÉE

Eh oui ! Se simplifier la vie est aussi facile que les trois étapes indiquées plus haut. Prenez un week-end pour réfléchir aux astuces suivantes et organiser votre nouvel emploi du temps.

- ✓ **Qu'est-ce qui est important ?** Réfléchissez à ce qui est important pour vous. Qu'aimeriez-vous vraiment faire ? À quoi voulez-vous consacrer votre temps ? Que souhaitez-vous réaliser professionnellement parlant ? Établissez une petite liste en quatre ou cinq points.
- ✓ **Analysez vos engagements.** Souvent le problème vient du fait que nos vies sont bien trop remplies. Il nous est impossible de tout accomplir, et en essayant de tout faire, nous ne profitons finalement d'aucun moment à fond. Vous ne pouvez pas tout faire. Sachez ce qui est important pour vous et éliminez tout le reste.

- ✓ **Faites-en moins dans vos journées.** Ne bourrez pas vos journées d'obligations qui vous feront courir dans tous les sens. Si vous essayez de faire sept ou dix choses à la fois, vous échouerez à coup sûr. Faites d'abord les trois plus importantes, puis passez aux trois un peu moins importantes. Vous aurez ainsi le temps de tout faire sans vous presser.
- ✓ **Prévoyez des intervalles suffisants entre les tâches et les rendez-vous.** Évitez de planifier les choses au taquet. Cela ne laisse aucune marge de manœuvre si elles prennent plus de temps que prévu (ce qui est souvent le cas), et vous met sous pression toute la journée. Prévoyez plutôt des espaces généreux entre vos rendez-vous et vos tâches pour mieux vous concentrer sur chacune et avoir un laps de temps entre deux.
- ✓ **Allégez au maximum votre liste de choses à faire.** Vous ne pouvez pas tout faire. Et même si vous le pouviez, d'autres choses viendraient immédiatement s'ajouter. Simplifiez au maximum votre liste de choses à faire. Ne gardez que l'essentiel. Vous courrez moins tous azimuts pour vous concentrer davantage sur l'important.

- ✓ **Freinez la cadence et prenez le temps d'apprécier chaque tâche.** C'est la règle n° 1 de ce chapitre. Relisez-le plusieurs fois. Quoi que vous fassiez, que ce soit du travail, vous brosser les dents, prendre une douche, préparer le dîner ou aller au travail en voiture, ralentissez. Essayez d'apprécier tout ce que vous êtes en train de faire. Concentrez-vous sur la tâche en cours, et ne pensez à rien d'autre. Soyez tout à votre tâche et ancrez-vous dans le moment présent. C'est loin d'être facile et vous oublierez souvent. Mais trouvez un moyen de vous en souvenir. À moins que la tâche en question ne soit réellement pénible, tout peut être agréable si vous lui portez l'attention adéquate.
- ✓ **Ne faites qu'une chose à la fois.** C'est un genre de credo pour moi. Ne faites qu'une seule chose à la fois si vous voulez qu'elle soit bien faite.
- ✓ **Éliminez le stress.** Cherchez tous les facteurs de stress de votre vie et éradiquez-les.
- ✓ **Aménagez-vous des moments rien que pour vous.** En plus de ralentir le rythme de vos journées en en faisant moins pour mieux apprécier les quelques tâches auxquelles

vous vous livrez, il est important de vous aménager des moments rien que pour vous.

- ✓ **Accordez-vous des moments pour ne rien faire.** Il est parfois si agréable de ne rien faire et d'oublier tout ce que l'on a à faire ! Ne craignez pas de jouer les paresseux de temps en temps.
- ✓ **Parsemez vos journées de petits plaisirs simples.** Pour une vie plus agréable, intégrez l'un de vos petits plaisirs à chacune de vos journées.
- ✓ **Ancrez-vous dans l'instant présent.** Vous pouvez vous entraîner à mieux vivre l'instant présent à n'importe quel moment de la journée. Il suffit pour cela de vous concentrer sur ce que vous êtes en train de faire, sans songer au passé ou à l'avenir.
- ✓ **Libérez-vous du temps.** Simplifier sa vie implique de se libérer du temps pour les choses que l'on souhaite faire, et réfléchir sur la manière de s'y prendre demande du temps. Si vous êtes très occupé, commencez par libérer 30 minutes par jour pour réfléchir à la manière de simplifier votre vie. Ou bloquez un week-end. Comment libérer 30 minutes par jour ? Quelques idées : en se levant plus tôt, en regardant moins la télévision, en déjeunant au bureau, en faisant

une promenade à l'heure du déjeuner, en se déconnectant d'Internet, en ne regardant ses e-mails qu'une seule fois par jour, en éteignant son portable, bref, en faisant une chose de moins chaque jour.

Chapitre 14

Simplifiez votre routine quotidienne

J'ai récemment découvert le pouvoir magique des routines, notamment du matin et du soir. Ne croyez pas que ces rituels viennent se surajouter à vos journées déjà chargées. Ils apportent calme et équilibre à votre vie.

Je vous recommande vivement de repenser vos matinées et vos soirées, deux moments clés de la journée, qui peuvent grandement contribuer à votre changement de vie.

LE POUVOIR DE LA ROUTINE MATINALE

L'un des changements les plus spectaculaires de ma vie a été de trouver la sérénité grâce à une routine matinale. J'ai pris l'habitude de me lever avant tout le monde, vers 4 h 30, pour profiter du silence et du simple plaisir d'être seul.

Cela a radicalement changé ma vie.

Je m'assois, une tasse de café à la main, et j'écoute le silence. Je sors courir, ce qui m'ôte tout le stress accumulé et m'incite à méditer. Je profite aussi de ce moment de calme, avant que toute la famille ne s'éveille, pour écrire quelques lignes chaque matin. Et je lis, car un bon roman est l'une de mes compagnies préférées.

Évidemment, tout le monde n'est pas lève-tôt. J'en conviens. Mais qu'importe ! Cela ne vous empêche pas d'instaurer votre propre routine dans la solitude et le calme du matin.

Si vous n'avez pas encore de rituel matinal, créez-le en vous efforçant de le répéter chaque jour. En quelques semaines il deviendra une habitude et vous ne pourrez bientôt plus vous en passer.

Grâce à un rituel matinal bien rodé :

- Vous pouvez vous préparer pour la journée et définir vos objectifs du jour.

- Vous pouvez faire du sport, lire, écrire et d'autres choses encore que vous n'avez habituellement pas le temps de faire.
- Vous pouvez faire quelque chose d'agréable, vous relaxer, vous détendre.

Vous pouvez imaginer encore bien d'autres choses, mais ces trois-là feront de votre routine matinale un outil extrêmement puissant dans la transformation de votre vie.

IDÉES DE RITUEL MATINAL

Parmi les activités suivantes, choisissez-en quatre à six à intégrer à vos habitudes matinales, et ajoutez-les aux vôtres. Ce ne sont que des idées pour vous aider à démarrer. Efforcez-vous surtout de garder votre routine la plus simple possible. Si vous en choisissez plus de six, soit vous les ferez trop vite, soit vous n'aurez pas le temps de toutes les accomplir. Testez votre nouvelle routine sur quelques jours et faites les derniers réglages nécessaires. Parfois la routine ne s'instaurera pas comme vous l'espériez ou prendra plus de temps que vous ne pensiez.

C'est normal. Faites simplement les ajustements requis.

Quelques idées pour votre routine matinale :

- Boire du thé ou du café
- Regarder le lever du soleil
- Faire du sport
- Prendre une douche
- Prendre un bain
- Lire
- Petit-déjeuner
- Faire du yoga
- Méditer
- Marcher dans la nature
- Préparer le déjeuner
- Écrire
- Lire le journal
- Choisir les trois tâches importantes à faire dans la journée
- Revoir vos objectifs
- Remercier la vie

Notez que « consulter ses mails » ou toute autre activité ayant trait de près ou de loin au travail ne figure pas dans la liste. Vous attendrez d'avoir accompli tous vos gestes rituels du matin avant de vous lancer dans ce type d'activités, car les e-mails pourraient bien vous accaparer pour la journée, et vous n'aurez plus le temps de faire le reste.

ASSUREZ-VOUS DE MEILLEURS LENDEMAINS GRÂCE À VOTRE RITUEL DU SOIR

Si le matin est un bon moment pour instaurer une routine, on peut en dire autant du soir. Programmer des gestes rituels relaxants, comme vous préparer pour le lendemain, va transformer vos réveils.

Les rituels du soir peuvent durer 10, 30 minutes ou quelques heures selon vos objectifs. Parmi les plus communs :

- Vous préparer pour le lendemain
- Vous délasser après une longue journée
- Faire le bilan de votre journée
- Entretenir vos petites affaires
- Vous détendre pour vous préparer à l'endormissement
- Passer du bon temps avec vos proches
- Tenir votre blog à jour, lire le journal, écrire, faire du sport

IDÉES DE RITUEL DU SOIR

Choisissez quatre à six des activités suivantes pour votre routine du soir, ou ajoutez-les aux vôtres. Là aussi, gardez un rituel simple, testez-le sur quelques jours, et faites les derniers ajustements nécessaires.

Quelques idées pour votre rituel du soir :

- Préparer le dîner
- Dîner
- Prendre une douche ou un bain
- Vous brosser les dents
- Lire le journal
- Écrire
- Lire
- Faire du sport
- Préparer vos vêtements pour le lendemain
- Méditer
- Tenir votre blog à jour
- Faire un bilan de votre journée
- Vous faire un soin du visage
- Lire une histoire à vos enfants
- Faire le ménage
- Discuter avec votre partenaire

Notez que « consulter ses mails » ou toute autre activité ayant trait de près ou de loin au travail ne figure pas non plus dans cette liste. Profitez dans la mesure du possible de vos soirées pour vous détendre et vous préparer pour le lendemain.

COMMENT METTRE EN PLACE CES NOUVEAUX RITUELS ?

Aussi simples que puissent paraître ces rituels, il n'est pas forcément évident de s'y tenir tous les jours dès le début.

Les étapes clés pour faire de ces routines des habitudes :

- ✓ **Concentrez-vous sur l'une d'elles précisément.** Elle doit être votre seul et unique objectif principal du mois. Vous attaquer à trop d'habitudes d'un coup disséminerait votre concentration et saborderait votre succès.
- ✓ **Considérez-les comme des récompenses.** Si vous établissez un rituel relaxant, l'effectuer est une récompense en soi. Optez pour des activités agréables le matin pour bien démarrer la journée et ne pas être bousculé dès votre arrivée au travail. Le

soir, préparez-vous tranquillement pour le lendemain, faites le bilan de votre journée et détendez-vous. Des routines comme ça, alors là d'accord !

✓ **Racontez vos progrès sur Internet.** Faire le bilan de vos progrès au quotidien et les rendre publics sur un forum en ligne est un excellent moyen de progresser. Mais vous pouvez également tenir un carnet de bord ou tout autre type de journal, ou simplement marquer d'un grand X votre calendrier mural. L'important étant de pouvoir apprécier votre progression au cours du mois passé.

Chapitre 15

Déblayez votre espace de travail

Un bureau rangé permet de se concentrer sur la tâche en cours, clé de l'efficacité dans tout ce que vous entreprenez.

Nous avons vu ensemble un système simple à mettre en place pour vous tenir à jour dans vos papiers, mais que faire si votre bureau croule déjà non seulement sous les piles de papiers, mais aussi sous les Post-it, les notes éparses, les photos, les objets de papeterie et les babioles en tout genre ? Comment sortir votre bureau du chaos ? Et par où commencer ?

Nous verrons dans un premier temps comment déblayer votre espace de travail principal, c'est-à-dire votre bureau. Nous verrons ensuite comment appliquer la même technique à tous les autres endroits à désencombrer, y compris votre maison.

LES AVANTAGES D'UN BUREAU RANGÉ

Quoi de mieux qu'un bureau rangé ? D'après mon expérience, un bureau net et désencombré comporte deux avantages non négligeables :

1. **Il vous permet de vous concentrer.** J'ai déjà maintes fois souligné l'importance de vous concentrer sur ce que vous faites, de faire le vide sur votre bureau comme dans votre esprit pour vous concentrer sur la tâche en cours. Si vous perdez en concentration, vous perdez en efficacité. Et si vous travaillez moins efficacement, vous perdez de votre précieux temps. Un bureau en désordre est rempli de distractions visuelles. Si vous essayez désespérément de vous concentrer sur une tâche alors qu'un simple petit coup d'œil sur une pile, un classeur ou une note vous rappelle autre chose, votre attention se reportera sur l'objet en question au moins quelques secondes. Si, au contraire, vous supprimez de votre bureau toute distraction, votre esprit n'aura plus d'autre choix que de se concentrer exclusivement sur ce que vous êtes censé faire.
2. **Il vous donne une sérénité digne d'un maître zen.** Un bureau rangé rend l'esprit plus

tranquille. Même si vous ne vous en rendez pas compte, le fouillis visuel est un facteur de stress. Dès que vous en aurez débarrassé votre bureau, vous serez bien plus serein.

Calme et concentration : les maîtres mots de ce livre. Je pense que tout moyen d'améliorer l'un ou l'autre est bon à prendre.

PAR OÙ COMMENCER ?

Le plus dur, c'est toujours de commencer. Si les piles s'étalent à perte de vue sur votre bureau et dans les plus obscurs recoins de vos tiroirs, il est compréhensible que vous soyez quelque peu découragé par l'ampleur de la tâche. Mais une fois lancé, vous constaterez que ce n'était pas si difficile que ça et vous pourrez même y trouver du plaisir. Le plus dur, c'est le premier pas. Tout le reste coule de source. Quelques astuces pour vous lancer :

✓ **Libérez un peu de temps.** Pas la peine de bloquer la journée entière. Une heure serait un bon début. Même 30 minutes suffiront si vous avez une journée particulièrement chargée. Inscrivez-le sur votre agenda à la date en question et ne le remettez pas à plus tard. Prenez tous les papiers de votre bureau et faites-en une grande pile.

- ✓ **Retirez tout ce qui se trouve sur votre bureau,** à l'exception de votre ordinateur, votre téléphone, votre bac à papiers et tout autre matériel qui vous sert constamment. Tout le reste doit disparaître. Faites une seconde pile avec tout ce qui reste et placez-la à côté de la pile de papiers.
- ✓ **Commencez avec la pile de papiers.** Prenez-en une première liasse à traiter de bout en bout. Ne triez jamais un papier deux fois, ne laissez jamais s'échapper une feuille, ne remettez jamais un papier sur la pile. Traitez-le puis passez au suivant. Vous avez cinq options : le jeter, le donner, le classer, l'exécuter ou l'inscrire sur une liste de choses à faire plus tard. Et dans cet ordre de préférence surtout !
- ✓ **Continuez aussi longtemps que vous le pouvez,** puis prévoyez une autre plage horaire pour pouvoir trier une autre liasse de papiers ou vous attaquer à la deuxième pile.

REVENEZ À L'ESSENTIEL

Une fois que vous en avez terminé avec tous les papiers et objets qui encombraient votre bureau, il est temps de vous poser cette question : qu'est-ce qui est essentiel ? De quoi avez-vous réellement besoin pour votre travail ? Faites la part des choses entre ce que vous utilisez souvent et ce qui encombre inutilement votre espace de travail et vos tiroirs.

Voyons voir. De quoi pourriez-vous avoir besoin sur votre bureau ? Étant donné qu'il s'agit de votre espace de travail, normalement vous n'avez besoin que du matériel nécessaire pour exécuter la tâche en cours. Uniquement celui du travail en cours, pas celui dont vous aurez besoin plus tard. Il vous faut également les papiers ou dossiers concernés. Mais dès que vous en avez terminé avec eux, qu'ils retournent immédiatement dans leur dossier, puis leur tiroir.

Voici quelques astuces supplémentaires pour ne garder que les objets essentiels sur votre bureau.

- ✓ **Qu'il s'agisse de dossiers ou de papiers,** dès que vous en voyez un apparaître sur votre bureau, **traitez-le sans tarder** et débarrassez-vous-en comme expliqué dans la première section.

- ✓ **Débarrassez-vous de tous les bibelots,** posters et photos qui traînent sur votre bureau. Quelques photos de famille, d'accord, mais si vos murs en sont recouverts, elles finissent certainement par vous distraire.
- ✓ **Videz le tiroir ou l'étagère entièrement.** Ne triez qu'un seul tiroir (ou une seule étagère) à la fois, mais videz-le entièrement. Nettoyez-le puis faites une pile du contenu et triez-la. N'y remettez que ce que vous devez absolument garder. Puis attaquez-vous au tiroir ou étagère suivants.
- ✓ **Triez chaque papier de la pile un par un,** et décidez de son sort rapidement. Prévoyez à proximité une corbeille et un bac « papiers à donner ». Lorsque vous videz entièrement un tiroir ou une étagère, procédez de même, en triant les objets un par un. Décidez pour chacun de le jeter, de le donner ou de le garder. N'en remettez aucun dans la pile. Continuez ainsi avec le reste de la pile et vous aurez bientôt fini. Ne gardez que l'essentiel et rangez-le au plus pratique.

- ✓ **Encore un papier ? Soyez sans pitié,** à moins qu'il ne soit vraiment important. Magazines, catalogues, courriers divers, factures de plus d'un an, notes personnelles, vieux trucs de boulot… allez ouste, poubelle ! Les seuls papiers à garder obligatoirement sont les impôts et les autres documents importants comme les garanties, les certificats de naissance, de décès, de mariage, les papiers d'assurance, les testaments, etc. Vous ne risquez pas de les louper, ils se reconnaissent au premier coup d'œil. Dans tous les autres cas, jetez.
- ✓ **Si vous ne parvenez pas à jeter quelque chose** en attente d'une confirmation ou dont vous pourriez avoir besoin par la suite, créez une boîte « peut-être », mettez-le dedans, puis fermez la boîte, étiquetez-la et placez-la dans un endroit de stockage (garage, grenier, cagibi, cave…), peu importe, mais hors de votre vue. Vous n'ouvrirez très certainement plus jamais cette boîte. Si tel est en effet le cas, après six mois ou un an, jetez-la ou donnez-la.

Félicitez-vous une fois que vous aurez terminé. Fêtez toujours vos réussites, peu importe leur importance. Même s'il s'agit simplement de désencombrer votre bureau, c'est déjà très bien. Soyez indulgent avec vous-même. Ouvrez ce tiroir (placard ou penderie, peu importe), et admirez sa simplicité. Inspirez profondément et soyez fier de ce que vous avez fait. Savourez votre paix intérieure.

UN SYSTÈME POUR GARDER LES CHOSES EN ORDRE

Une fois que vous avez réduit votre espace de travail au strict minimum et que vous avez réussi à en faire une zone sans perturbations, le défi est maintenant de le garder ainsi. Si vous reprenez vos anciennes habitudes, votre bureau ne va pas tarder à retrouver son désordre légendaire (cela ne prend généralement que quelques jours).

Alors créez-vous un système simple et instaurez quelques habitudes clés pour le garder toujours en ordre. Voici quelques recommandations :

✓ **Ayez un bac pour les nouveaux papiers.** Ne laissez rien sur votre bureau. Mettez toujours les papiers dans le bac, y compris vos notes prises sur le vif ou au téléphone.

- ✓ **Videz ce bac une fois par jour** en appliquant le système décrit ci-dessus. Jetez, classez ou notez sur votre liste de choses à faire plus tard. Videz-le entièrement. Il ne doit plus rien rester au fond.
- ✓ **Chaque chose à sa place.** Prévoyez une place pour chaque chose et chaque type de papier. Ne les laissez pas s'amonceler sur le bureau ou être jetés au hasard des tiroirs. Dès que vous terminez quelque chose, rangez sur-le-champ.

Concentrez-vous uniquement sur ces trois habitudes pendant une semaine (placer les papiers dans le bac, le vider et remettre les choses immédiatement à leur place) et votre nouveau bureau restera toujours aussi net. Faites preuve de patience. Il faut du temps pour que ces habitudes deviennent des automatismes. Vous connaîtrez des échecs, c'est certain. Mais ressaisissez-vous et recommencez. Bientôt vous ne pourrez plus vous défaire de ces habitudes ! Et croyez-moi, une fois que vous êtes habitué à avoir un bureau impeccable, vous ne revenez jamais en arrière.

Rien ne m'apporte plus de sérénité qu'une maison propre et rangée. Lorsque je me réveille le matin et que j'entre dans le salon parfaitement rangé, au style minimaliste, sans rien qui traîne, je commence ma journée dans la sérénité et la joie. Si, au contraire, le salon est encombré de jouets, de livres et de je ne sais quoi encore, cela me perturbe.

En tant que fervent adepte de la simplification, et pour trier régulièrement chez moi depuis quelques années déjà, j'ai découvert à quel point une maison propre et rangée pouvait modifier notre état d'esprit, notre efficacité et notre bonheur. Si votre intérieur est encombré, voyons ensemble les moyens de venir à bout de ce désordre et de garder les choses aussi claires et rangées que possible, et ce, en toutes circonstances.

UN INTÉRIEUR ÉPURÉ

Une fois votre bureau rangé, vous aurez certainement envie de désencombrer toute la maison dans la foulée. Vous pouvez utiliser les mêmes techniques que pour votre bureau.

Quelques avantages d'une maison en ordre :

- ✓ **Moins de stress.** Le désordre est une forme de distraction visuelle, car tout ce qui entre dans notre champ de vision attire irrémédiablement notre attention. Moins vous aurez de fouillis, moins vous aurez de stress visuel. Une maison en ordre est plus apaisante.
- ✓ **Plus attrayant.** De toutes les photos de décoration, les plus séduisantes sont celles des intérieurs les plus épurés, presque vides excepté quelques beaux meubles et fins objets d'art et de décoration. Rendez donc votre maison plus accueillante en la désencombrant.
- ✓ **Plus facile à nettoyer.** Le ménage est bien plus fastidieux lorsqu'il s'agit d'épousseter tout un tas d'objets ou de passer l'aspirateur en contournant les meubles. Plus vous avez de choses, plus vous devez nettoyer. Il est bien plus aisé de nettoyer une pièce vide plutôt qu'une pièce remplie d'un tas de fourbis. Cet exemple est un peu extrême, je vous l'accorde. Je ne vous demanderai pas d'avoir une pièce entièrement vide non plus, il ne faut pas exagérer, mais c'est uniquement pour illustrer la différence.

Pour désencombrer votre maison, suivez les mêmes étapes que pour votre bureau, mais concentrez-vous sur une seule pièce à la fois, et dans cette même pièce, sur un tiroir ou une étagère à la fois. Sortez tout le contenu et procédez à un tri sans merci pour ne garder que l'essentiel. Débarrassez-vous de tout le reste. Puis désignez un endroit précis pour les choses essentielles que vous souhaitez conserver.

Triez un peu chaque jour (10 à 20 minutes suffiront) et profitez du week-end pour trier une zone entière, mais une seule. À moins que vous ne bloquiez votre week-end entier pour tout faire.

COMMENT GARDER VOTRE MAISON EN ORDRE ?

Une fois votre maison bien désencombrée, il s'agit de mettre en place un système pour éviter au désordre de s'accumuler de nouveau. Car si vous avez des montagnes de papiers, de jouets, de livres et de vêtements en tout genre un peu partout, c'est parce que vous n'avez pas de système bien rodé pour garder les choses à leur place et vous débarrasser des inutiles. Certes, vous n'atteindrez jamais la perfection, mais si vous réfléchissez à la manière dont le bazar s'est installé petit à petit dans votre maison, vous allez peut-être trouver des moyens de l'empêcher de réapparaître.

Quelques conseils pour éviter au désordre de réapparaître :

- ✓ **Désignez une place pour chaque chose et devenez maniaque.** Si vous trouvez des choses qui ne sont pas à leur place, ou qui ont été jetées négligemment sur une table, une chaise ou un canapé, c'est peut-être parce que vous n'avez pas d'endroit spécial pour les ranger. Si tel est le cas, désignez-leur une place immédiatement ou débarrassez-vous-en, sinon elles vont vous traîner dans les pattes un bon moment. Il est aussi possible que vous ayez déjà prévu un endroit pour elles, mais le rangement, ce n'est tout simplement pas votre truc. Dans ce cas, habituez-vous pendant un mois à remettre les choses à leur place immédiatement après vous en être servi, ce sera déjà un grand pas.
- ✓ **Prévoyez des sessions régulières de tri et notez-les dans votre agenda.** Même les plus

soigneux d'entre nous doivent trier très régulièrement. Si vous avez commencé dans votre maison, vous devriez déjà y voir plus clair. Mais vous allez devoir assurer le suivi. Notez-le dans votre agenda : peut-être une fois par mois, par semaine, ou tous les trois à quatre mois. Testez pour voir quel intervalle vous convient le mieux.

✓ **Réduisez vos envies superflues.** Si le désordre a envahi votre vie au point que vous ne puissiez plus le gérer, étudiez votre manière d'acheter. Achetez-vous des vêtements, des gadgets, des chaussures ou des livres chaque semaine (ou plus ?) ? Faites-vous souvent des achats en ligne ? Si c'est le cas, est-ce par véritable nécessité ou pour le simple plaisir d'acheter ? Il est important d'étudier vos pulsions d'achat pour pouvoir les combattre. En réduisant vos désirs, vous réduisez le bazar.

✓ **Faites une liste sur 30 jours.** C'est un excellent moyen de contrôler les achats compulsifs. Notez-y ce que vous voulez acheter de non indispensable, avec la date du jour. Puis interdisez-vous d'acheter l'article en question pendant au moins 30 jours. D'ici là, votre désir pour cet article aura probablement disparu.

✓ **Changez vos habitudes.** Le bazar ne s'est pas créé tout seul. Il est là parce que vous l'avez mis là. Quelles sont les habitudes qui ont créé ce désordre ? Il y en a sans doute plusieurs, certaines ont peut-être été déjà mentionnées plus haut : vous achetez beaucoup, vous ne prévoyez pas une place pour chaque chose, vous ne jetez rien, vous achetez mais n'éliminez pas… Vous avez peut-être d'autres habitudes qui provoquent le désordre. Débarrassez-vous-en une par une.

Chapitre 16

Ralentissez

Jamais nous n'avons consommé autant d'informations, de nourriture, de médias. Chaque minute de notre emploi du temps est occupée : courses, tâches, corvées, obligations... Du matin (où nous courons déjà d'un endroit à l'autre pour nous préparer) au soir (où nous finissons par nous écrouler sur le lit après cette journée trépidante).

Le problème est que nous n'avons pas été conçus pour fonctionner de cette manière. Notre corps et notre esprit sont faits pour vivre à un rythme plus lent. Si nous sommes capables de gérer le stress intense mais bref d'être poursuivi par un prédateur, il nous est en revanche impossible de supporter le stress chronique au quotidien. Le rythme trépidant ne s'arrête jamais. Résultat : nous sommes épuisés, nerveux et malheureux. Apprenez à vivre à un rythme plus lent et vous serez plus heureux, plus efficace et plus productif. Ne cherchez pas à faire plus de choses en moins de temps, apprenez à mieux faire les choses qu'il faut. Cette combinaison gagnante peut avoir un impact faramineux sur votre efficacité et votre réussite dans la vie. En attendant, quoi que vous accomplissiez, les choses seront mieux faites et vous vous sentirez mieux.

CONCENTREZ-VOUS BIEN

La concentration est votre meilleur atout. Quel que soit l'objet sur lequel nous portons notre attention, cet objet devient notre réalité. Les projets que nous visons sont donc les projets qui aboutiront. Malheureusement, avec nos vies trépidantes, notre attention est attirée dans un million de directions différentes en même temps. Elle passe d'un objet à un autre, puis de nouveau sur le premier objet, pour se reposer instantanément sur un autre. Résultat : nous ne nous concentrons suffisamment sur rien.

Apprenez à focaliser votre attention, à la canaliser plus fermement. C'est seulement ainsi que vous prendrez davantage conscience des choses. En outre, vous serez bien plus détendu.

Voici comment vous y prendre :

- **Choisissez une tâche simple pour commencer,** comme manger, jardiner, faire la vaisselle, la cuisine ou repasser. Focalisez toute votre attention dessus et essayez de rester totalement concentré de bout en bout. Empêchez votre esprit de s'égarer. À chaque fois que vous sentez votre attention se dissiper, prenez-en conscience et stoppez-la dans son élan.
- **Renforcez votre capacité à vous concentrer** en vous entraînant sur chaque activité tout au long de la journée. Si vous prenez une douche, concentrez-vous sur cette douche. Si vous mangez, concentrez-vous sur ce que vous mangez. Stoppez net votre esprit dès qu'il commence à divaguer.
- **Vous pouvez essayer, le matin, de pratiquer une technique simple de méditation** (sans chanter ni rien de ce genre). Tôt le matin, asseyez-vous confortablement et fermez les yeux (ne vous rendormez pas !). Puis concentrez-vous sur votre respiration. Si votre attention diminue, prenez-en simplement conscience, acceptez les pensées qui vous viennent à l'esprit, et redirigez votre attention sur votre respiration. Sentez vos

poumons se remplir et se vider. Sentez l'air parcourir votre corps. Maintenez votre concentration sur votre respiration le plus longtemps possible. Cela demande un peu d'entraînement mais vous y arriverez, je vous le garantis.

TRAVAILLEZ LENTEMENT MAIS EFFICACEMENT

Dans le même ordre d'idées, et aussi paradoxal que cela puisse paraître, travailler lentement rend plus productif. Si vous parvenez à n'accomplir que les tâches et projets importants en vous concentrant dessus un maximum, vous arriverez à tout ce que vous voulez.

On peut aussi travailler comme un forcené 12 heures par jour et remplir un maximum d'obligations, et pourtant ne rien accomplir d'important. C'est le cas de beaucoup d'entre nous. Qui ne l'a pas fait au moins une fois ? Travailler à un rythme acharné et se demander pourquoi rien ne semble jamais avancer. Ce n'est ni fait ni à faire. Travailler sur plusieurs tâches en même temps et le plus vite possible, en étant constamment sous pression, ce n'est pas la manière la plus efficace de procéder !

Essayez plutôt cette méthode :

1. **Choisissez un travail que vous aimez.** Si une tâche vous rebute, il vous sera difficile de vous y consacrer à fond. Si votre travail n'est constitué que de tâches que vous exécrez, il serait peut-être bon de chercher un autre métier. Ou bien imaginez des projets que vous aimeriez réaliser dans votre job actuel. Dans tous les cas, assurez-vous que la tâche choisie vous passionne.
2. **Choisissez une tâche importante.** Il y a sûrement des choses que vous adorez faire mais qui sont trop faciles et peu importantes. Et il y a les choses que vous aimez faire et qui ont un impact sur votre vie professionnelle et privée sur le long terme. Lesquelles choisissez-vous ? La deuxième catégorie, bien sûr, pour utiliser votre temps à meilleur escient.
3. **Choisissez une tâche difficile mais pas trop.** Si elle est trop facile, vous n'aurez pas besoin de beaucoup de réflexion ni d'efforts pour la réaliser. La tâche en

question doit être suffisamment difficile pour capter toute votre attention. Elle ne doit pas être trop ardue non plus, sinon vous aurez du mal à rester concentré, car soit vous chercherez comment en sortir, soit vous finirez par vous décourager. Trouver les tâches au bon niveau de difficulté suppose des essais et bon nombre d'erreurs.

4. **Trouvez votre rythme de croisière** et faites d'une pierre deux coups : soyez plus concentré et plus lent. De toute façon, la concentration appelle le calme. Pour moi, le meilleur moment, c'est tôt le matin, avant l'effervescence de la journée. Lorsque vous venez de vous réveiller et que la plupart des gens ne sont pas encore arrivés au travail ou sont à peine en train de boire leur café. Essayez sinon à l'heure du déjeuner, lorsque vous avez le bureau pour vous tout seul. Le soir aussi, pourquoi pas ? Si vous avez un endroit suffisamment calme pour travailler, vous pouvez le faire à n'importe quel moment de la journée, si tant est qu'il corresponde à un pic d'énergie pour vous. Si vous êtes en pleine digestion, ce n'est peut-être pas le moment idéal pour appliquer cette méthode. Trouvez un moment

où vous avez de l'énergie et la capacité de vous concentrer.

5. **Trouvez un moment et un endroit calme pour travailler.** Éliminez toutes les distractions et concentrez-vous. Éteignez toute musique, tout téléphone, toute alerte mail ou de messagerie instantanée, et tout ce qui pourrait interrompre vos pensées de manière visuelle ou auditive. Puis concentrez-vous sur la tâche en question le plus longtemps possible.
6. **Amusez-vous.** Se laisser absorber par une tâche est une expérience fabuleuse. C'est si agréable de pouvoir se plonger entièrement et d'avancer rapidement dans quelque chose qui vous passionne. Prenez le temps de savourer ce plaisir.
7. **Continuez à vous entraîner.** Je vous l'ai déjà dit, chaque étape demande beaucoup de pratique : sélectionnez un endroit calme, un moment où vous êtes en forme, éliminez les distractions et choisissez la bonne tâche à effectuer. Et surtout, restez concentré sur cette même tâche tout du long. Apprenez aussi de vos succès. À chaque réussite, demandez-vous ce que vous avez fait de bien, et plus vous vous entraînerez, meilleur vous serez.

8. **Récoltez les fruits de votre travail.** Outre le plaisir d'être absorbé par votre occupation, vous serez également davantage satisfait de votre travail en général, car vous viendrez à bout d'importants projets. Vous finirez plus souvent les tâches commencées au lieu de les abandonner. Vous serez plus fier de vous et vos efforts seront récompensés. Prenez le temps d'apprécier cela. Tout en continuant à pratiquer chaque jour.

MANGEZ PLUS LENTEMENT

C'est la course toute la journée, nous n'avons le temps de rien... et lorsqu'un petit moment se profile pour casser la croûte, nous engloutissons notre repas en 30 secondes. On ne peut pas dire que cette vie stressante soit très saine.

En mangeant simplement plus lentement, il est possible de renverser radicalement la donne. Prendre de plus petites bouchées, mastiquer plus longuement chacune d'elles et savourer son repas plus longtemps, est-ce vraiment si difficile que ça ? Cela ne prend que quelques minutes de plus et peut avoir de profondes répercussions positives.

Quelques bonnes raisons de manger plus lentement :

✓ **Pour perdre du poids.** De nombreuses études confirment que le simple fait de manger plus lentement permet d'ingurgiter tellement moins de calories qu'il est possible de perdre 10 kilos par an sans rien changer à son alimentation. Pourquoi manger plus lentement peut-il faire autant maigrir ? Parce qu'il faut 20 minutes au cerveau pour recevoir l'information que l'on est rassasié. Donc si vous mangez vite, vous risquez de continuer à manger même une fois repu. Alors que si vous mangez lentement, vous avez le temps de réaliser que vous n'avez plus faim pour vous arrêter à temps. Je vous conseille aussi d'adopter une alimentation plus saine, mais si vous cherchez à mincir, manger lentement doit déjà devenir une nouvelle habitude.

✓ **Pour savourer vos repas.** Cette raison est tout aussi importante. Il est difficile d'apprécier ce que vous avalez si vous mangez toujours sur le pouce. Ne bannissez pas totalement les aliments prohibés. Il est même recommandé d'en consommer de temps en temps, en petite quantité et lentement. Réfléchissez une seconde : vous avez une envie irrépressible d'aliments plus gras et plus sucrés les uns que les autres (desserts, chips, biscuits apéritifs, frites, fast-food, pizza…) pour leur bon goût. Mais si vous les mangez trop vite, quel intérêt ? Si vous les dégustez lentement, au contraire, vous profiterez autant de leur saveur sans qu'ils atterrissent directement dans votre estomac. Logique ! D'une manière générale, il est toujours plus plaisant de goûter à la bonne chère en prenant le temps de la savourer. Faites de vos repas de véritables plaisirs gastronomiques, et évitez de les prendre à la va-vite entre deux événements stressants.

✓ **Pour mieux digérer.** En mangeant lentement, vous mastiquez davantage votre nourriture et en facilitez ainsi la digestion. La digestion commence dans la bouche, donc dites-vous que plus votre bouche en fera, moins votre estomac aura à en faire. Essayez, surtout si vous souffrez de problèmes digestifs.

✓ **Pour réduire votre stress.** Manger lentement et faire attention à ce que vous mangez constitue un bon entraînement pour améliorer votre concentration. Ancrez-vous dans le moment présent plutôt que de vous goinfrer en pensant à ce que vous allez faire après. Lorsque vous mangez, ne faites que manger. Cette manière d'être tout à votre activité du moment mène à une vie moins stressante et au bonheur sur le long terme. Essayez vous aussi !

✓ **Pour lutter contre la vie à 100 km/h.** Le rythme trépidant de nos vies stressantes et chaotiques nous incite à manger de plus en plus mal et rapidement. Ce style de vie nous déshumanise, nuit à notre santé et nous rend stressés et malheureux. Nous courons toute la journée pour accomplir des tâches plus ou moins utiles sans prendre le temps de profiter de la vie, de l'apprécier, de partager les bons moments… bref, d'être humains. Ce qui n'est pas une bonne chose. Rebellez-vous contre cette manière de vivre en décidant déjà de manger lentement. Évitez les fast-foods, préférez les bons restaurants ou, mieux, faites vous-même votre propre cuisine et prenez le temps de l'apprécier pleinement. Savourez enfin le goût de la vraie vie !

ROULEZ MOINS VITE

Je conduis plus lentement ces temps-ci. Alors que j'étais plutôt dans le genre fou du volant (demandez à ma femme), à doubler tout le monde, le pied enfoncé sur l'accélérateur, à m'énerver dès qu'un autre automobiliste plus lent me ralentissait ou pire, m'obligeait à m'arrêter. Conduire était une activité stressante pour moi.

Ça ne l'est plus. Je suis beaucoup plus calme au volant, et conduire est même devenu une activité agréable que j'apprécie d'autant plus dans la sérénité. Maintenant, je me demande même si les automobilistes ont vraiment besoin d'aller où ils vont aussi vite, ou s'ils vont penser à freiner une fois arrivés à bon port. Cela vaut-il le coup de consommer autant d'essence, de gaspiller autant d'énergie à s'énerver, et de risquer autant de vies ? En plus, j'en profite pour penser à autre chose en même temps, tellement conduire est devenu pour moi un moment de méditation. Je vous conseille vivement de conduire plus lentement pour de multiples raisons. Mais l'une des plus importantes est que ça rend plus heureux. Une petite différence qui change tout :

1. **Économiser du carburant.** Le meilleur moyen d'économiser du carburant (à part moins prendre la voiture ou avoir une voiture économique), c'est d'éviter d'accélérer et de freiner trop brusquement. Alors soyez plus doux avec les pédales, accélérez et décélérez plus progressivement, et roulez moins vite. Au prix de l'essence aujourd'hui, il est dommage d'en gaspiller en roulant vite inutilement.
2. **Sauver des vies.** La vitesse tue. Les accidents de la route représentent la plus grande cause de mortalité chez les 12-16 ans. Et, curieusement, à 56 km/h vous avez deux fois plus de chances de tuer quelqu'un qu'à 50 km/h. En effet, rouler vite réduit votre temps de réaction, et la vie et la mort se jouent à une fraction de seconde. Roulez moins vite pour votre sécurité et celle de votre entourage… et conduisez encore plus lentement lorsque vous croisez des joggeurs, des cyclistes, ainsi qu'aux abords des écoles.
3. **Gagner du temps.** Si vous croyez rattraper le temps perdu en roulant vite, sachez que vous ne gagnerez finalement que quelques secondes sur le parcours total, tout au plus. Et ces quelques petites secondes ne valent

pas le coup si vous considérez les autres facteurs énumérés. Mieux : partez quelques minutes plus tôt et vous arriverez au même moment et bien plus détendu.

4. **Préserver son équilibre nerveux.** Les trois raisons évoquées ci-dessus sont importantes, mais pour moi la différence la plus notoire est l'incroyable baisse de stress lorsque je suis au volant. Conduire n'est plus un cauchemar pour moi, c'est même devenu une activité agréable et relaxante. Je ne sors plus de mes gonds en voiture, et peu m'importe si ceux de devant roulent vite ou me ralentissent un peu.
5. **Simplifier sa vie.** Ce point rejoint le précédent, mais dans un sens beaucoup plus large. En plus de réduire votre stress, conduire plus calmement vous évite également pas mal d'autres complications, comme les constats qui donnent la migraine, les amendes pour excès de vitesse ou les passages intempestifs à la pompe. Conduire lentement contribue aussi à ralentir le rythme trépidant de nos vies. Pourquoi courir ? Ralentissez et prenez le temps d'apprécier le trajet. Si vous êtes toujours pressé, quand arriverez-vous à destination pour être enfin heureux ? La

vie est un voyage. Faites tout pour le rendre agréable.

Voici quelques astuces qui m'ont bien aidé pour conduire plus calmement :

- **Mettez une musique relaxante.** D'une manière générale, tout ce qui vous détend est bon à prendre.
- **Ignorez les autres conducteurs.** C'était mon gros problème avant. J'accordais beaucoup trop d'importance à ce que faisaient les autres automobilistes, ce qui me mettait hors de moi. Il m'arrivait même de me mettre à leur hauteur pour les insulter (je sais, c'est horrible). Maintenant je les ignore.
- **Partez plus tôt.** Si vous roulez vite parce que vous êtes tout le temps en retard, prenez l'habitude de vous préparer et de partir plus tôt. De cette manière, vous n'aurez pas à engager une course contre la montre et pourrez profiter du voyage.
- **Profitez de la route pour réfléchir.** J'aime utiliser le temps où je conduis pour méditer. Les idées jaillissent d'elles-mêmes et n'attendent que d'être notées. Je repense à ma journée, à l'organisation du lendemain, à ma vie en général et à mes projets.

- **Tenez votre droite.** Si vous roulez moins vite que les autres conducteurs fous du volant, il serait plus sage, dans la mesure du possible, de vous trouver hors de leur chemin, donc de serrer à droite. Même si je suis indifférent aux autres automobilistes que je dois agacer à conduire si lentement (peu m'importe maintenant), c'est toujours bien d'être poli.
- **Appréciez le voyage.** Faites de vos trajets en voiture des moments agréables. Écoutez de la musique, méditez, regardez le paysage, faites ce que vous voulez, et souvenez-vous que le voyage est tout aussi important que la destination.

Chapitre 17

Mince, tonique et en forme

Nombreux sont les bénéfices à tirer du sport et d'une meilleure hygiène de vie. Parmi eux, on peut noter une énergie et une productivité accrues. Une bonne séance d'entraînement donne du tonus pour toute la journée et vous met dans l'état d'esprit idéal pour abattre un maximum de travail. Mais faire du sport et adopter une alimentation plus saine pour être en meilleure forme représente un tel défi pour certains qu'ils abandonnent souvent par déception ou frustration, si tant est qu'ils essaient.

La recette miracle pour être mince, en forme et en bonne santé est toute simple et tout le monde la connaît : il faut s'alimenter sainement et faire du sport régulièrement. Mais si ces conseils de base sont bien connus, les mettre concrètement en pratique avec toutes les difficultés auxquelles nous sommes confrontés dans nos vies quotidiennes est une autre paire de manches. Dans ce chapitre, nous verrons d'abord rapidement les écueils à éviter, puis comment mettre en place votre programme de remise en forme et rester motivé sur la durée. Et comme une alimentation saine est intimement liée à la forme et au bien-être, nous verrons quels sont les moyens de manger le plus sainement possible.

LES ÉCUEILS DES PROGRAMMES DE REMISE EN FORME

Commençons par les raisons pour lesquelles il semble si difficile à de nombreuses personnes de manger sainement, et pourquoi elles échouent souvent après une semaine ou deux. À partir de ces raisons, nous pourrons trouver des solutions simples.

Quelques-unes des raisons les plus courantes :

- Leurs régimes sont trop stricts et donc difficiles à suivre sur le long terme.
- Elles sont tellement affamées qu'elles avalent n'importe quoi.
- Elles pensent manger sainement mais ingurgitent beaucoup de calories vides

« cachées », comme dans les sodas, les sauces bourrées de matières grasses, les nappages, etc.
- L'attrait pour la malbouffe et le fast-food est trop tentant, surtout lorsqu'ils se trouvent justement sur notre route et que nous sommes hyperpressés ou pris par notre boulot.
- Les réunions sociales comme les pots entre collègues, les réunions familiales, les soirées entre amis et les dîners d'anniversaire sabotent souvent le régime en cours.

Ces cinq raisons à elles seules suffisent à anéantir les meilleures résolutions alimentaires si l'on n'y est pas préparé ou si le régime suivi n'est pas adapté aux vicissitudes de la vie quotidienne. Il n'est pas toujours évident de suivre son régime dans la durée, et un bon régime doit tenir compte de ces difficultés.

Voici les raisons les plus courantes pour lesquelles les gens ont du mal à se mettre au sport :
- Ils commencent avec un programme très exigeant ou augmentent la difficulté de leurs séances d'entraînement

trop rapidement, puis sont vite épuisés ou blessés.
- Ils perdent toute motivation s'ils ne constatent pas de résultats après une semaine ou deux.
- La vie les rattrape. Ils ne trouvent plus le temps de s'entraîner pendant quelques jours et perdent vite leurs bonnes habitudes.

Déjouez ces difficultés avec ce programme simple de remise en forme.

PROGRAMME SIMPLE DE REMISE EN FORME

Il vous faut un programme facile à adopter et surtout que vous pourrez suivre pendant des années. Vous ne verrez peut-être pas les effets immédiatement, ce qui est plutôt une bonne chose : tout programme aux résultats spectaculaires dans un délai très court est de mauvais augure, car il est forcément trop drastique pour être suivi sur une longue période. Les programmes trop sévères, c'est soit l'échec assuré, soit des résultats aussi draconiens que les méthodes, et des conséquences dramatiques (voyez le milieu de la mode).

Soyez patient. Retrouver la santé et la forme prend parfois quelques mois, voire plusieurs années. Si vous souhaitez qu'il soit durable, tout changement doit se faire progressivement, par petits pas. C'est pourquoi le programme que je vous propose démarre en douceur, afin que vous puissiez vous y tenir toute votre vie.

Dans la croyance populaire, le régime, c'est 80 % de la perte de poids, et dans une certaine mesure, c'est vrai : il est possible de perdre du poids avec un bon régime sans faire de sport, alors qu'il est extrêmement difficile de perdre du poids en s'alimentant mal même si l'on fait du sport. Le but n'étant pas seulement de perdre du poids mais d'être également en forme et en bonne santé. Il faut jouer sur les deux tableaux : la nourriture et le sport. Si vous commencez par le sport, le régime alimentaire suivra, car il est difficile de faire du sport sans s'alimenter correctement. Bien, commençons.

Voici votre nouveau programme simple de remise en forme :

1. Le premier mois, concentrez-vous exclusivement sur l'acquisition de cette nouvelle habitude : le sport. Ne vous souciez pas encore du régime alimentaire à ce stade du programme, mais rien ne vous empêche de commencer à manger des aliments plus sains. Toute votre attention doit se porter sur cette nouvelle habitude à prendre. Il faut qu'elle devienne aussi machinale que vous brosser les dents. Commencez petit et efforcez-vous d'en faire un automatisme bien ancré dans votre quotidien.
2. Le deuxième mois, opérez un à un les changements nécessaires à votre hygiène alimentaire sans pour autant relâcher vos efforts du premier mois.
3. Chacun des mois suivants, fixez-vous des objectifs à court terme pour progresser régulièrement dans votre programme de remise en forme sport + régime. Récompensez-vous chaque mois de vos progrès en les relatant à votre entourage.

Première étape : se mettre au sport

Il va falloir acquérir l'habitude d'exercer une activité physique et s'y tenir. Un proverbe espagnol dit que les habitudes commencent comme des fils de toiles d'araignées pour devenir des câbles. Alors commencez par tisser les premiers fils et continuez à ajouter les nouveaux fils un par un jusqu'à obtenir ces fameux câbles. Souvenez-vous : les pyramides ne se sont pas construites en un jour ! Ainsi, commencez déjà par jeter les premières pierres de l'édifice. Si vous êtes cardiaque, enceinte, ou atteint d'une maladie grave, prenez soin de consulter votre médecin avant de commencer toute activité physique. Le programme :

1. **Commencez facile.** Commencez votre programme d'entraînement au niveau le plus faible possible jusqu'à en faire un automatisme. Vous augmenterez le niveau de difficulté plus tard. La première semaine, ne faites que 5 à 10 minutes de cardio par jour (marche rapide, course, vélo ou natation). Seulement 5 à 10 minutes, c'est tout. Vous aurez peut-être envie d'en faire plus. Refrénez-vous. La semaine suivante, augmentez la durée de 5 minutes, et procédez ainsi chaque semaine du premier mois, afin que, à la fin du mois, vous fassiez

entre 20 et 25 minutes de sport chaque jour. Si cela vous semble trop peu, ne vous inquiétez pas, une fois que ce sera devenu une habitude, vous pourrez en faire plus. Mais concentrez-vous dans un premier temps sur l'acquisition de cette nouvelle habitude pour en faire un automatisme.

2. **Planifiez vos séances d'entraînement.** C'est indispensable. Choisissez un moment où vous pouvez faire du sport sans être dérangé. Généralement le matin est le plus pratique, les séances du soir étant souvent annulées au profit d'autres occupations. Cependant, pour certains, faire du sport après le travail leur réussit mieux. Pour d'autres, ce sera plutôt le midi. Choisissez le meilleur moment pour vous, et réservez un créneau dans votre emploi du temps pour vos séances d'entraînement. La première semaine, prévoyez trois séances de 30 minutes. Les deuxième et troisième semaines, programmez quatre séances, et la quatrième semaine, cinq. Puis essayez de rester au rythme de cinq séances par semaine, c'est la meilleure manière de retrouver la forme. Considérez ces séances d'entraînement comme

l'une de vos priorités de la journée, et ne laissez rien les entraver.

3. **Ne vous permettez pas de rater une seule séance.** Seuls deux motifs pourraient vous empêcher de vous entraîner : si vous êtes malade ou blessé. Sinon, pas d'excuse. Ces séances d'entraînement sont si faciles au début qu'elles ne devraient pas trop vous fatiguer. Donc même si vous rentrez épuisé du travail, faites votre séance, vous serez content de vous. Si vous commencez à sauter des séances d'entraînement, c'est bientôt l'habitude de ne pas vous entraîner qui prendra le dessus. Toute nouvelle habitude exige une assiduité absolue. Souvenez-vous : c'est comme vous brosser les dents. Faites-le tous les jours, un point c'est tout.
4. **N'abandonnez pas.** Ce serait encore pire que de rater une séance. Si pour quelque raison que ce soit vous loupez un jour ou deux, n'arrêtez pas tout pour autant. Reprenez le programme. Si vous manquez plus de quelques jours, reprenez le programme une ou deux semaines en arrière et focalisez-vous de nouveau sur l'acquisition de cette habitude. Si vous vous découragez au point de vouloir tout arrêter, remotivez-vous et

recommencez. L'échec n'est pas grave si vous recommencez et que vous vous y tenez ensuite sur le long terme.

5. **Trouvez-vous un partenaire.** Ce n'est pas obligatoire mais cela vous rendrait la tâche plus facile. Le temps passe beaucoup plus rapidement lorsque l'on a quelqu'un à qui parler. En plus, si vous vous donnez rendez-vous pour vos séances d'entraînement, vous serez davantage motivé et assidu.
6. **Prenez votre entourage à témoin et rendez-lui des comptes.** C'est ainsi que l'on remotive les troupes ! Vous aurez envie de poursuivre le programme, ne serait-ce que pour ne pas être mal vu. Confiez-vous publiquement, auprès de vos amis et même du monde entier via un blog. Cela vous aidera à continuer votre programme. Créez un blog « sport et alimentation », et rendez-le public. Partagez-le avec le plus grand nombre de personnes possible.
7. **Amusez-vous.** Ça, par contre, c'est obligatoire. Si vous n'y trouvez aucun plaisir, vous ne tiendrez jamais longtemps. Alors essayez de vous amuser au maximum. Prenez plaisir à tout ce que vous faites pour votre forme et votre santé. Réjouissez-vous de voir s'envoler les kilos. Prenez goût à

l'effort. Apprenez à apprécier le bien-être ressenti après le sport, une fois déchargé de votre stress. Le sport doit être un plaisir, pas une torture.

Voici donc le programme pour vous habituer à faire du sport. C'est très simple en fait : prévoyez dans votre emploi du temps des séances d'entraînement quotidiennes, commencez avec des exercices à votre portée, et tenez-vous-y sans faillir. Bientôt, cette séance d'entraînement journalière fera tellement partie de votre quotidien que vous ne pourrez plus vous en passer !

Deuxième étape : modifier progressivement son alimentation

Après un mois passé à ancrer le sport dans votre quotidien, il est temps maintenant de vous concentrer sur vos habitudes alimentaires. Si vous mangez déjà plutôt sainement, vous pouvez modifier votre alimentation à votre gré en essayant de l'améliorer encore petit à petit. Si vous n'avez pas une alimentation très équilibrée, ne faites pas de changements trop radicaux d'un seul coup. Les petits changements progressifs étalés dans le temps sont beaucoup plus efficaces et supportables.

Voici votre nouveau programme alimentaire :

1. **Mangez dès que vous ressentez la moindre petite faim.** N'attendez pas d'être affamé. Cela signifie manger toutes les quatre heures et prêter davantage attention à votre faim. Si vous avez faim, mangez. Voilà où le programme intervient : planifiez vos repas toutes les quatre heures, prenez davantage conscience de votre sensation de faim, prévoyez des casse-croûte pour la route. C'est votre plan d'action de la première semaine. Ne vous souciez pas des prochaines étapes avant la fin de cette première semaine.
2. **Mangez léger.** Rien de trop lourd, à l'exception des repas-joker (pas plus d'une fois par semaine). Beaucoup de fruits, de légumes, de céréales complètes, de légumineuses et de fruits secs. Préférez d'une manière générale les aliments frais aux plats industriels. Avec une liste de repas et d'en-cas à base d'ingrédients sains et savoureux, établissez des menus pour la semaine. Vous commencerez la deuxième semaine. La première semaine, essayez simplement de manger davantage de fruits et de légumes, et d'éliminer les sodas et autres boissons sucrées. La semaine suivante, intégrez un

nouveau changement, peut-être en éliminant certaines sucreries auxquelles vous vous adonnez régulièrement, ou en préparant un bon dîner. L'objectif étant de passer progressivement à une alimentation saine, composée en majorité de fruits, de légumes, d'oléagineux, de fruits secs, de céréales complètes, de produits laitiers écrémés ou de produits au soja, et de protéines maigres (viande maigre, poisson, poulet, tofu et autres protéines végétales). L'essentiel est de choisir des aliments que vous appréciez pour ne pas être tenté de craquer.

3. **Mangez lentement.** N'avalez pas tout rond. Prenez le temps de savourer chaque bouchée. Cela vous permettra de ne pas trop manger et d'apprécier d'autant plus votre repas. Concentrez-vous sur cette étape la troisième semaine tout en poursuivant les deux premières.
4. **Mangez jusqu'à vous sentir rassasié.** Pas gonflé. Arrêtez-vous avant même ce sentiment de satiété, et attendez 10 minutes pour voir si vous avez encore faim. C'est une étape cruciale. Vous vous concentrerez dessus la quatrième semaine, tout en continuant les efforts entrepris depuis ces trois premières semaines.

Aucune restriction alimentaire, que des bonnes choses. Ce programme vous apprend comment vous alimenter plus sainement et avoir la ligne toute l'année. Souvenez-vous : une seule chose à la fois !

Troisième étape : persévérer, se fixer des objectifs à court terme et se responsabiliser auprès des autres

Maintenant que vous avez commencé à prendre de bonnes habitudes en matière de sport et d'alimentation, la suite du programme consiste à progresser dans ces deux domaines. Ce n'est pas le moment de vous laisser décourager si vous ne voyez pas encore les résultats. Pour rester motivé et continuer le programme afin d'obtenir les résultats escomptés, faites ce qui suit :

1. **Intensifiez progressivement vos séances d'entraînement et variez les activités.** Une fois que vous avez pris l'habitude de faire votre sport tous les jours, augmentez progressivement la durée et l'intensité de vos séances d'entraînement. Par exemple, au lieu de travailler en endurance à un rythme lent et régulier, alternez avec des sprints et des séries de mouvements

à effectuer très rapidement en marquant des pauses entre chacune. Vous pouvez faire de même avec tous les exercices. En augmentant l'intensité, vous augmentez la quantité de calories brûlées et votre performance par la même occasion. Mais ne le faites pas à chaque fois. Alternez avec des sessions d'endurance. Pourquoi ne vous inscririez-vous pas à un semi-marathon ou une petite course courte ? C'est amusant et motivant.

2. **Continuez à manger plus sainement tout en variant les plaisirs et les saveurs.** Chaque semaine, introduisez un nouveau changement dans votre alimentation. Essayez une nouvelle recette. Préparez-vous des petits plats sains pour le travail. Prenez un petit déjeuner plus équilibré. Mangez moins dehors et cuisinez davantage. Préparez-vous des casse-croûte sains pour la route. Buvez plus d'eau. Supprimez certains types d'aliments. Une par une, changez vos habitudes alimentaires pour une meilleure santé. Procédez progressivement afin de vous y tenir sur le long terme. Pour varier, essayez de nouvelles recettes utilisant d'autres fruits, d'autres légumes, d'autres aliments. Et lorsque vous tombez

sur un plat que vous aimez particulièrement, intégrez-le à vos menus. Ne cessez jamais de goûter à de nouveaux mets et à de nouvelles recettes !

3. **Fixez-vous des objectifs sur le court terme.** Les changements durables ne s'opèrent qu'après une longue période, qui peut durer des mois, voire des années. Et il est extrêmement difficile de rester motivé aussi longtemps. Alors fixez-vous des objectifs sur le court terme : un objectif ou deux dans le mois. Peut-être un par semaine si cela peut vous aider. Voici quelques exemples d'objectifs à court terme :
   - augmenter votre séance d'entraînement de 5 minutes chaque jour ;
   - perdre 500 g par semaine ;
   - perdre 1 cm de tour de taille par semaine ;
   - courir un semi-marathon ;
   - faire 2 h 30 de sport dans la semaine ;
   - faire un jogging de 8 km le dimanche

Comme vous pouvez le constater, les possibilités d'objectifs à court terme ne manquent pas. Fixez-vous un objectif ou deux par semaine pour rester motivé, et partagez-les avec vos proches.

1. **Responsabilisez-vous.** Rendez des comptes sur Internet. Partagez vos expériences, vos réussites et vos échecs concernant votre alimentation et votre sport quotidien sur les forums. C'est une habitude clé. Vous pourrez ainsi voir vos progrès et cela vous motivera pour la suite. Faites-le tous les jours. Ne le remettez pas à plus tard en vous disant que vous vous y collerez avant d'aller vous coucher. Aucune entorse au règlement. Aucune excuse. Et simplifiez-vous l'accès à ces forums. Que vous n'ayez plus qu'à entrer la date, l'heure et le compte rendu de votre journée. Mettez-le en ligne, sur votre propre blog ou sur l'un des nombreux blogs déjà disponibles à cet effet, pour qu'un maximum de personnes puissent suivre votre régime. Indiquez l'adresse Internet en question et invitez-les à venir y jeter un coup d'œil et à laisser des commentaires. Vous responsabiliser vis-à-vis des autres vous gardera motivé.
2. **Récompensez-vous.** Félicitez-vous à la moindre occasion et dès le début. Soyez indulgent avec vous-même. Octroyez-vous une petite récompense à chaque réussite, aussi petite soit-elle. Continuez vos séances

d'entraînement quotidiennes et la perte de poids se fera naturellement.

30 ASTUCES POUR RESTER MOTIVÉ

Parmi les innombrables « trucs » pour vous motiver à faire du sport, en voici 30 imparables :

1. **Rappelez-vous du bien-être ressenti après l'effort.** Souvenez-vous de la sensation de béatitude qui vous envahit après une séance d'entraînement. Rien que d'y songer, vous voilà de nouveau motivé pour la prochaine séance !
2. **Du temps rien que pour vous.** C'est bien de consacrer du temps aux autres (enfants, époux, amis, parents, collègues, patron), mais n'oubliez pas d'en garder pour vous !
3. **Comptez les calories brûlées.** Pour vous donner du cœur à l'ouvrage, comptez les calories perdues au cours de vos entraînements. Je ne connais pas plus motivant, car vous voyez que plus vous faites d'efforts, plus vous brûlez de calories… et moins il y en a dans les fesses !

4. **Amusez-vous.** Le sport doit être un moment de plaisir. Si ce n'est pas le cas, optez pour une activité physique qui vous plaît davantage. Peu importe l'activité en question, l'essentiel, c'est de bouger.
5. **Projetez-vous.** Visualisez-vous dans quelques mois, plus mince et en meilleure santé… Si ça, ça ne motive pas !
6. **Les magazines.** Une lecture qui peut se révéler très motivante pour faire du sport : un magazine de fitness. Car lorsque vous lisez quelque chose, vous avez envie de le faire.
7. **Les mannequins des magazines.** OK, elles sont retouchées sur Photoshop pour être aussi parfaites. Mais pour une raison que j'ignore, admirer la beauté d'un mannequin incite à mettre les bouchées doubles.
8. **Les blogs.** C'est amusant de lire les blogs de ceux qui suivent un programme d'entraînement ou un régime amaigrissant. Ils y racontent les hauts et les bas par lesquels ils sont passés. N'hésitez pas à profiter de leurs expériences.
9. **Les histoires à succès.** Les réussites des autres sont incroyablement stimulantes. Lorsque vous tombez sur un site

présentant des success-stories, lisez-les obligatoirement.

10. **Les forums.** Relevez le défi mensuel du forum de *Habitudes Zen* ou rejoignez-en un autre dans le même esprit. Allez y faire un tour quotidiennement. Ça aide beaucoup.
11. **Les nouveaux vêtements.** Vous voulez rentrer dans ce jean taille 38 ou cette adorable petite robe noire ? Vous savez ce qu'il vous reste à faire !
12. **Être séduisant.** Comme chacun sait, il est toujours très stimulant d'avoir quelqu'un à séduire…
13. **La montée d'adrénaline.** Votre taux d'adrénaline augmente lorsque vous faites du sport. C'est elle qui vous permet d'aller au bout de vos séances d'entraînement.
14. **Une profonde détente.** Vous rentrez du boulot comme une pile électrique ? Sortez évacuer ce stress par le sport. Votre soirée s'en trouvera transformée.
15. **Accordez-vous du temps pour méditer.** Quand vous faites du sport, c'est le moment idéal pour prendre du recul face à tout ce qui se passe dans votre vie.

16. **Un partenaire de sport.** Je ne connais rien de plus motivant.
17. **Les cours collectifs.** Inscrivez-vous dans une salle de sport ou à un cours de gym, dans l'idéal avec un(e) ami(e) pour vous motiver mutuellement à aller vous entraîner.
18. **Un coach ou un entraîneur.** Ça vaut le « coût », rien que pour la motivation.
19. **Écrire.** Tenir un journal peut également vous aider à rester motivé. Essayez une semaine et vous constaterez de vous-même le pouvoir de l'écriture.
20. **Votre photo « avant ».** Vous ne réalisez sûrement pas à quel point vous en êtes déjà loin. Prenez-vous en photo maintenant pour comparer.
21. **Un semi-marathon ou un triathlon.** Vous inscrire à une course vous motivera pour vos entraînements.
22. **La culpabilité ressentie si vous loupez une séance.** Je déteste les remords. Il suffit que je m'en souvienne pour avoir envie de chausser mes baskets.
23. **Vivre assez vieux pour voir vos petits-enfants...** et pouvoir jouer avec eux.

24. **La balance.** Ne vous pesez pas tous les jours, car votre poids fluctue de lui-même. Vous pourrez mieux juger de la courbe évolutive de votre poids en vous pesant une seule fois par semaine. Attention, la balance ne dit pas tout. De temps à autre, mesurez aussi votre tour de taille, parfois plus éloquent.
25. **Un objectif à atteindre.** Fixez-vous un certain poids à atteindre, un tour de taille, un nombre de séances d'entraînement ou un nombre de kilomètres à parcourir dans la semaine. Se fixer un but précis à atteindre aide à rester motivé. Ne mettez toutefois pas la barre trop haut.
26. **Alimentez votre blog.** Annoncez publiquement que vous cherchez à perdre du poids ou à suivre un programme d'entraînement intensif et faites-en régulièrement le compte rendu. Vous allez y arriver !
27. **Les slogans encourageants.** Affichez vos maximes favorites bien en évidence sur votre bureau.
28. **Les livres.** Récompensez vos efforts en vous offrant des livres de fitness ou de cuisine légère et santé. Ça vous recentrera sur vos objectifs.

29. **Les compliments.** Lorsque quelqu'un remarque un changement sur votre silhouette, votre moral est au beau fixe et vous donne envie de vous entraîner encore plus.
30. **Une journée à la plage** ou un événement prévu prochainement pour lequel vous voulez être mince.

Chapitre 18

Soyez motivé !

Le plus dur dans la poursuite d'un objectif, qu'il soit d'améliorer sa productivité, de se lever tôt, de changer d'habitude, de faire du sport, ou juste d'être plus heureux, c'est de rester motivé pour s'y tenir sur la durée. Ce chapitre est conçu pour vous aider à aller au bout de vos objectifs et à instaurer de nouvelles habitudes sur le long terme. Considérez-le comme la pierre angulaire de tous les autres principes énoncés jusqu'ici.

Si vous parvenez à vous accrocher à vos objectifs suffisamment longtemps, vous réussirez. Cela demande simplement patience et motivation.

Le véritable secret réside dans la motivation, bien qu'il ne soit pas toujours facile de la conserver jour après jour. Ce qui suit est un guide de motivation pour tous les objectifs que vous poursuivez, car il y aura forcément des moments où elle faiblira et où vous aurez envie d'abandonner. Ne baissez jamais les bras.

S'accrocher à son objectif sur le long terme est le seul véritable chemin vers la réussite.

COMMENT FONCTIONNE LA MOTIVATION ?

Avant d'entrer dans les méthodes proprement dites, il est utile d'examiner ce qu'est la motivation, ce qu'elle entraîne et comment elle fonctionne.

La motivation est ce qui vous conduit vers un objectif, ce qui vous fait persévérer malgré les difficultés, ce qui vous fait vous lever tôt le matin pour faire du sport, ou travailler tard le soir pour boucler un travail. Il existe une foultitude de sources de motivation, bien sûr, des positives et des négatives. Un patron qui menace de vous licencier est également une forme de motivation, car vous allez sûrement travailler plus dur sous ce genre de pression. Mais pour ma part je trouve que la motivation positive fonctionne mieux. Celle qui vous donne le fort désir de faire quelque chose. Il peut y avoir des matins, par exemple, où vous n'avez pas envie de vous lever. Vous n'avez alors qu'un souhait, c'est de dormir jusqu'à midi (et il n'y a rien de mal !). Mais si ce que vous devez faire vous motive vraiment, vous allez bondir hors du lit tout excité dès le premier œil ouvert.

La meilleure motivation est donc de vouloir quelque chose fortement, d'être excité rien qu'à y penser, de ne pas tenir en place, d'être passionné. Croyez-moi, de tous les facteurs de motivation, c'est celui-ci qui fonctionne le mieux. Difficile de vous motiver pour quelque chose que vous n'aimez pas ou que vous n'avez pas envie de faire. Mais si vous désirez suffisamment quelque chose, vous serez plus à même de maintenir vos efforts assez longtemps pour atteindre votre but.

8 FAÇONS D'ÊTRE MOTIVÉ DÈS LE DÉPART

Commencer motivé est crucial, car un bon départ peut générer une impulsion qui durera sur le long terme. Ce qui veut dire que si vous commencez bien, vous aurez beaucoup plus de chances de réussir.

Voici quelques astuces pour bien démarrer :

- ✓ **Ne voyez pas trop grand.** Je l'ai déjà dit, mais c'est peut-être l'un des conseils les plus précieux que je puisse vous donner. Ne vous lancez pas de défis impossibles. Commencez avec un objectif hyperfacile, et augmentez la difficulté progressivement.
- ✓ **Un seul objectif.** Si vous commencez avec trop d'objectifs en même temps, vous risquez de trop en faire et de saper votre énergie et votre motivation. C'est l'erreur la plus fréquente. Pour le moment, ne choisissez qu'un objectif et concentrez-vous entièrement dessus.
- ✓ **Analysez vos motivations.** Recherchez vos intérêts personnels. Accordez-leur un instant de réflexion… et notez-les. Si vous le faites pour vos proches ou ceux que vous aimez, c'est encore plus puissant. Si vous ne le faites que pour vous, il faut le désirer suffisamment fort et avoir de très bonnes raisons.
- ✓ **Vous devez en avoir une énorme envie.** Ce qui rejoint le précédent point, mais je veux enfoncer le clou : ce n'est pas suffisant de penser que « ce serait bien si… ». Ce doit être quelque chose qui vous passionne, qui vous enthousiasme à l'extrême et que vous

souhaitez par-dessus tout. Assurez-vous que vos objectifs remplissent ces critères, ou ils ne feront pas long feu.

✓ **Engagez-vous publiquement.** Personne n'aime entacher son image en public ni manquer à ses engagements.

✓ **Laissez-vous gagner par l'excitation.** Construisez votre motivation, stimulé par les encouragements de vos proches. Pour ma part, j'ai appris qu'en parler avec ma femme et visualiser mon succès (imaginer le résultat une fois atteint) me stimulait énormément. Une fois que vous tenez cette excitation, il suffit de l'entretenir et de faire durer l'énergie qui va avec.

✓ **Programmez le début de votre plan d'action.** Ça peut vous paraître difficile, mais ne sautez pas ce paragraphe pour autant. Ça marche vraiment. Ça m'a aidé à arrêter de fumer après de multiples tentatives plus vaines les unes que les autres. Si vous êtes très motivé pour parvenir à vos fins, bridez-vous, ne commencez pas sur les chapeaux de roues. Dans votre excitation, vous voudrez commencer dès aujourd'hui. C'est une erreur. Fixez une date, dans une semaine ou deux, ou même un mois, et entamez un compte à rebours :

J-30, J-7, J-2. Laissez l'excitation monter en vous à l'instar d'un enfant à la veille de Noël. Faites-en le jour le plus important de votre vie. En retardant le début, vous ne faites qu'augmenter votre désir, donc votre concentration et votre énergie sur cet objectif.

✓ **Affichez-le.** Définissez votre objectif en une courte phrase qui puisse agir comme un mantra. Par exemple : « Faire du sport 15 minutes par jour. » Imprimez-le en grosses lettres, et affichez-le à la maison, au travail, sur votre écran d'ordinateur… Abusez des pense-bêtes vous rappelant votre objectif pour rester concentré et motivé. Une photo en rapport avec votre objectif (comme un mannequin avec des abdos en tablette de chocolat) peut aussi aider.

20 FAÇONS DE RESTER MOTIVÉ MALGRÉ LES DIFFICULTÉS

La motivation, c'est aussi ce qui vous permet de ne pas baisser les bras lorsque vous ne ressentez pas le même enthousiasme qu'au début. Peut-être que quelque chose de nouveau est apparu dans votre vie et que votre ancien objectif n'est plus une priorité si absolue aujourd'hui. Laissez passer un jour ou deux et remettez-vous-y. Vous avez peut-être placé la barre un peu trop haut et vous vous êtes découragé.

Si vous trouvez la motivation pour continuer, vous finirez par y arriver. Mais si vous laissez tomber, vous n'arriverez jamais à vos fins, ça, c'est sûr ! Alors à vous de choisir : aller au bout de vos rêves ou abandonner ?

Comment ne pas démissionner en cours de route et parvenir à votre objectif :

1. **Refrénez vos ardeurs.** Lorsque l'on se lance dans un nouveau programme d'entraînement ou dans tout nouvel objectif, nous sommes dans les starting-blocks, empreints d'une grande excitation, notre enthousiasme est sans bornes et la perception de nos propres limites aussi. Nous croyons pouvoir déplacer des montagnes. Mais bientôt nous prenons conscience de nos limites et notre enthousiasme commence à s'émousser. Pour éviter ça, refrénez votre énergie débordante du début afin d'en garder pour la suite. Vous brider devient un excellent stimulant

dans ce cas. Ne faites pas tout ce que vous avez envie de faire. N'en faites que 50 à 75 %. Et élaborez un plan d'action que vous intensifierez progressivement. Par exemple, si vous vous mettez à la course à pied et que vous pensez pouvoir courir 3 km au début, commencez par 1 km. Une fois ce kilomètre parcouru, vous vous direz que vous pouvez en faire plus. Ne cédez pas. Attendez la prochaine séance d'entraînement pour courir 1,5 km. En resserrant les rênes, vous conserverez ainsi votre énergie bouillonnante pour mener votre voyage à terme.

2. **Commencez par… commencer.** Il y a des jours où vous n'aurez aucune envie d'aller courir, de mettre de l'ordre dans votre comptabilité, ou tout ce que vous êtes supposé faire ce jour-là pour votre objectif. Dans ce cas, plutôt que de penser à la difficulté de la tâche et au temps qu'elle vous prendra, commencez. Ne vous posez aucune question. Ne pensez à rien d'autre. Chaussez vos baskets et claquez la porte derrière vous. Si vous faites ça, tout le reste suivra. C'est lorsque vous restez assis dans votre salon à penser à quel point courir est fatigant

que cela vous semble si difficile. Une fois qu'on a commencé, ce n'est jamais aussi dur qu'on le croyait. Cette astuce fonctionne à tous les coups sur moi.

3. **Continuez à relater vos progrès.** Si vous vous êtes engagé publiquement via un forum en ligne, un blog, par e-mail ou envers une certaine personne, assumez vos responsabilités. Vous vous êtes engagé à faire un rapport quotidiennement, alors tenez-vous-y. Cela vous incitera à vouloir bien faire, car vous n'aurez aucune envie d'avouer que vous avez échoué.
4. **Évincez les pensées négatives et remplacez-les par des pensées positives.** C'est l'une des méthodes clés pour rester motivé. Je vous recommande de la pratiquer au quotidien. D'abord, cherchez à contrôler vos pensées et à identifier les ruminations négatives. Puis, après quelques jours, essayez de remplacer ces pensées négatives par des positives. « C'est trop dur » devient ainsi « Je vais y arriver ». « Si cette mauviette de Leo peut le faire, je peux le faire aussi ! » Ça peut paraître un peu éculé, mais ça marche. Vraiment !
5. **Pensez aux conséquences positives.** Songer à la difficulté d'une tâche est une entrave

pour beaucoup. Se lever tôt paraît si dur ! Ça vous fatigue rien que d'y penser ! Plutôt que d'imaginer à quel point c'est difficile, pensez aux bénéfices que vous allez en tirer. Rappelez-vous par exemple le bien-être ressenti après avoir accompli une tâche et comme vos journées n'en sont que meilleures. Pour vous regonfler à bloc, pensez aux avantages que vous pouvez en tirer.

6. **Réexaltez-vous !** Réfléchissez aux raisons pour lesquelles vous avez perdu votre enthousiasme initial, puis pensez à ce qui vous excitait au début. Ça vous revient ? Qu'est-ce qui vous donnait autant envie de parvenir à cet objectif ? Qu'est-ce qui vous passionnait à son sujet ? Essayez de retrouver votre exaltation initiale, reconcentrez-vous et recouvrez votre énergie.
7. **Lisez sur le sujet.** Lorsque je sens ma motivation faiblir, je lis un livre ou un blog concernant mon objectif. Ça m'inspire et me remotive. Lire m'aide à rester motivé et concentré. Alors lisez sur votre objectif chaque jour si vous le pouvez, et notamment quand vous ressentez une baisse de motivation.

8. **Trouvez-vous des amis dans le même état d'esprit.** Rester motivé tout seul est toujours plus dur qu'à plusieurs. Alors si vous trouvez quelqu'un ayant des objectifs similaires (course à pied, régime, finances, etc.), associez-vous. Cela peut être votre femme, votre frère, votre sœur ou votre meilleur ami, quel que soit leur objectif. Pas besoin de poursuivre les mêmes. Le but est de vous encourager et de vous inciter mutuellement à réussir. Vous pouvez aussi adhérer à des groupes près de chez vous (devenir membre du club de course à pied de votre quartier, par exemple) ou bien participer à des forums en ligne où vous trouverez des gens à qui parler de vos objectifs.
9. **Lisez les histoires des autres.** L'inspiration, pour moi, vient des autres qui ont réussi ce que je veux réussir. C'est pourquoi je lis tant de blogs, de livres et de magazines. Je tape mon objectif sur Google et lis les success-stories. *Zen habits* est aussi un lieu d'inspiration, non seulement pour moi mais aussi pour de nombreux lecteurs qui sont parvenus à des choses étonnantes. J'adore lire les histoires à succès.

10. **Appuyez-vous sur vos succès.** Chaque progrès est une victoire. Fêtez même le fait de commencer. Puis d'avoir tenu votre objectif pendant deux jours. Célébrez chaque étape importante. Servez-vous de ce sentiment de réussite pour avancer encore d'un autre petit pas. Ajoutez deux à trois minutes à votre entraînement quotidien, par exemple. À chaque étape (et chaque étape doit durer une semaine), vous vous sentirez de plus en plus sur la bonne voie. Avancez à tout petits pas et vous n'échouerez pas. Après quelques mois, vos petits pas s'additionneront pour devenir d'énormes progrès et être couronnés de succès.
11. **Laissez passer le creux de la vague.** La motivation n'est pas constante et ne sera pas toujours au rendez-vous. Elle va et vient comme une vague. Mais soyez sûr que si elle s'en va, ce ne sera pas de manière permanente. Continuez sans elle, elle reviendra. En attendant, documentez-vous sur votre objectif, demandez de l'aide, et suivez les conseils listés ici jusqu'à ce qu'elle revienne.
12. **Faites-vous aider.** C'est difficile de faire cavalier seul. Lorsque j'ai décidé de courir

le marathon, ma famille et mes amis m'ont soutenu, et une grande communauté de coureurs m'encourageait et m'accompagnait même parfois sur les courses de 5 km et plus. Lorsque j'ai décidé d'arrêter de fumer, rejoindre un forum en ligne m'a grandement aidé. Et bien sûr ma femme, Eva, m'a soutenu dans chaque étape. Je n'aurais pas pu atteindre mes objectifs sans son appui ou celui des autres. Trouvez votre propre réseau de soutien dans le monde réel ou en ligne.

13. **Suivez la courbe de vos progrès.** Marquez d'un X votre calendrier, créez une feuille de calcul sur Excel ou utilisez un logiciel en ligne. Cela peut être très gratifiant de faire le point sur vos progrès et voir où vous en êtes arrivé. Cela peut vous inciter à continuer. Vous ne voulez pas avoir trop de jours sans un X ! Parfois, votre tableau affichera de mauvaises notes. C'est normal. Ne baissez pas les bras pour autant. Redoublez plutôt d'efforts pour en obtenir de meilleures la prochaine fois.
14. **Récompensez-vous souvent.** Pour chaque petit pas effectué, célébrez votre succès et accordez-vous une petite récompense. Pour vous motiver, notez les rétributions

« convenables » attribuées à chaque étape. Vous pourrez ainsi vous en faire une joie à l'avance. Par « convenables », j'entends : 1) proportionnelles à la taille de l'objectif atteint (évitez la croisière de luxe en formule *all-included* aux Bahamas) et 2) dans la mesure où cette récompense ne nuit pas à votre objectif (si vous essayez de perdre du poids et que vous avez mangé sainement toute la journée, ne vous récompensez pas en vous empiffrant de dessert, ce serait dommage !).

15. **Privilégiez les mini-objectifs.** Les objectifs de trop grande envergure ou de trop longue durée peuvent être décourageants. Après quelques semaines, la motivation retombe facilement en voyant le chemin qu'il reste encore à parcourir. Il n'est pas évident de rester motivé sur le long terme par un seul et même objectif. La solution : fixez-vous de plus petits objectifs tout au long du parcours.
16. **Prenez un coach ou des cours.** Cela vous motivera. Au moins, vous serez obligé d'y aller et de le faire. Cela peut s'appliquer à tous les objectifs. C'est peut-être la méthode la plus onéreuse pour rester motivé, mais ça marche.

En cherchant bien, vous trouverez des cours pas trop chers près de chez vous ou, encore mieux, un ami dont c'est justement la profession, et qui vous offrira ses services ou conseils gratuitement.

17. **Ne sautez jamais deux jours d'affilée.** Cette règle prend en compte notre tendance naturelle à faire l'impasse de temps à autre. Nul n'est parfait après tout ! Alors vous avez manqué une journée, maintenant le deuxième jour s'annonce et vous êtes paresseux. Dites-vous : « Non ! je ne manquerai pas deux jours d'affilée ! »
18. **Projetez-vous.** Visualisez votre réussite dans les moindres détails. Fermez les yeux et imaginez la forme exacte que prendrait votre succès, les sensations qu'il vous procurerait, les goûts, les odeurs, les parfums, les voix, le lieu, à quoi vous ressembleriez et ce que vous porteriez comme vêtements. Constituez-vous une image mentale aussi précise que possible. Visualisez cette victoire chaque jour, pendant au moins quelques minutes. C'est la seule manière de rester motivé sur le long terme.
19. **Prenez conscience de vos envies d'abandonner, acceptez-les et surmontez-les.**

Nous avons tous des ras-le-bol, mais nous les camouflons souvent. Écoutez ces envies pour mieux les dominer. Par exemple, en passant la journée avec un petit morceau de papier sur lequel vous indiquerez toutes les fois où vous avez ressenti cette envie. Puis élaborez une stratégie pour les moments où ces pulsions se manifestent. Prévoyez ce que vous allez faire. Quitte à l'écrire, car une fois que ces envies frappent, il est trop tard.

20. **Retrouvez du plaisir.** Personne ne peut persévérer longtemps si ce qu'il entreprend est déplaisant et nécessite des mois d'efforts avant d'aboutir. Il faut y trouver une certaine satisfaction pour avoir envie de le faire. Sachez apprécier les petits plaisirs de la vie, comme la beauté de l'aube lors de votre jogging matinal par exemple, la satisfaction d'annoncer que vous avez réussi un nouveau challenge ou encore la saveur d'une nourriture saine.

REMERCIEMENTS

Je voudrais remercier toutes les personnes qui ont contribué à l'écriture de ce livre : Holly et Brendan qui ont fait preuve d'une grande patience avec cet auteur en herbe que je suis ; les lecteurs de *Zen Habits* qui m'ont inspiré et encouragé tout au long de sa rédaction ; ma mère, Shannon, le pilier autour duquel ma vie s'est forgée ; mon père, Joe, dont l'esprit et l'humour ont influencé tout ce que je fais ; ma sœur, Katrina, qui est aussi ma confidente et ma partenaire de course à pied ; mes très jolies sœurs Ana et Tiara ; mes remarquables frères, Joseph, Brandon et Austin ; mes enfants, ma raison de vivre : Chloe, Justin, Rain, Maia, Seth et Noelle.

Et bien sûr ma femme, Eva, qui m'a toujours soutenu dans tout ce que j'ai entrepris.

Cet ouvrage est composé de matériaux issus de forêts gérées durablement certifiées PEFC™.
Le Programme de reconnaissance des certifications forestières (PEFC™) est le plus grand organisme mondial indépendant de contrôle pour une gestion durable des forêts.
Pour en savoir plus, consultez le site www.pefc-france.org

PEFC™ PEFC/14-38-00277

Achevé d'imprimer en juillet 2024
par Novoprint
Dépôt légal : août 2024

Imprimé en Slovaquie